最速ヒルクライマー8人が教える

# ヒルクライムテクニック



監

梅川 陸
嘉瀬峻介
兼松大和
加藤大貴
佐々木遼
中村俊介
大野拓也
森本 誠

日東書院

# はじめに

## ヒルクライムは、パワーウェイトレシオだけでは決まらない

タイムを指標にすることで、自分自身の強さを正確に知ることができるヒルクライム。安全に走れることもあり、ヒルクライムの大会も多くの参加者を集めている。

ヒルクライムのパフォーマンスは、パワーや、体重あたりのパワーである「パワーウェイトレシオ」を正確に反映していると思われている。したがって、ヒルクライマーたちはパワーを上げたり、体重を落としてパワーウェ

イトレシオを上げることに力を注ぐ。

だが、ヒルクライムにはたくさんの「テクニック」があることをご存知だろうか？

ペダリングやダンシングでの体の使い方やペース配分など、強豪ヒルクライマーになればなるほど、実は多くのテクニックを駆使している。ただ全力で走っているだけではないのだ。

本書は、そんな見えにくいヒルクライムのテクニックを多く紹介する。トップヒルクライマーたちのアドバイスを参考に、テクニックにも磨きをかけてほしい。

**ロードバイク研究会**

最速ヒルクライマー8人が教える

# ヒルクライムテクニック

CONTENTS

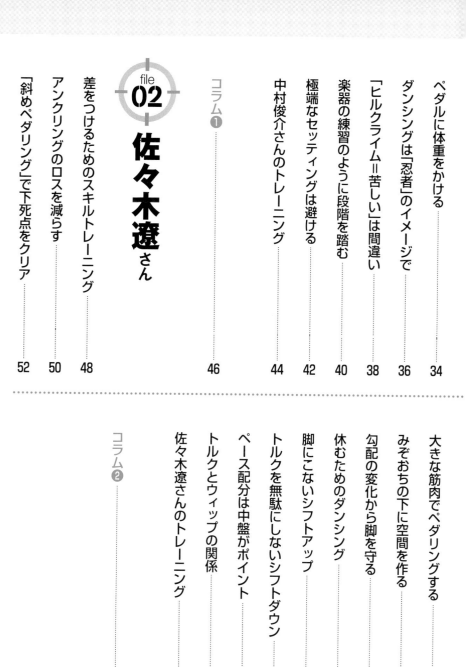

file 03
# 加藤大貴さん



file 04
# 森本 誠さん

## 最速のクライマーたちは、ヒルクライムをどう走っているか？

対談❶

# ヒルクライムの「スキル」とは？

## ランス・アームストロングの影

**森本誠**（以下**森本**）：ヒルクライムのスキルというと、やっぱりランス・アームストロングのペダリングの衝撃は大きかったね。僕がヒルクライムをはじめたころは、ちょうどアームストロングがツール・ド・フランスを7連覇（※）していた時代だから、影響は受けたな。

**中村俊介**（以下**中村**）：僕は森本さんとは世代が離れていて、ロードバイクに乗りはじめたのは2010年ですから、活躍していたのはフェビアン・カンチェラーラとかですね。ただ、プロを意識することはなかったなあ。

**森本**：アームストロングはセンセーショナルだったんだよ。当時は重いギアを低いケイデンスで回すのが主流だったのに、アームストロングはものすごくケイデンスが高かったから。彼のライバルのヤン・ウルリッヒもマルコ・パンターニもあんな高ケイデンスじゃなかった。

## フィジカルと共に身につくスキル

**森本**：ただ、アームストロングの真似ができたわけじゃないですね。彼はポジションもペダリングも特殊過ぎますから。僕はわりと自分のスキルに満足していたのかな。ヒルクライムでは、あまりペダリングとかフォームに悩んだ記憶がないからな……。ロードレースは別なんだけどね。

**中村**：僕もはじめたころは特にスキルを意識してはいなかったんですが、今思うと、スキルは低かったですね。ペダリングスキルひとつとっても。

**森本**：結局、モノをいうのは経験値かな。なんだかんだいって、毎月何十時間も乗っていたら、ペダリングスキルなんかは上達していくと思う。周囲を見ても、長くロードバイクに乗っている人はみんなしっくりくるフォームだからね。速くない人でも。

**中村**：そうですね、同意見です。

※ドーピングにより後にはく奪された。

SEKIYA
GOKISO
006

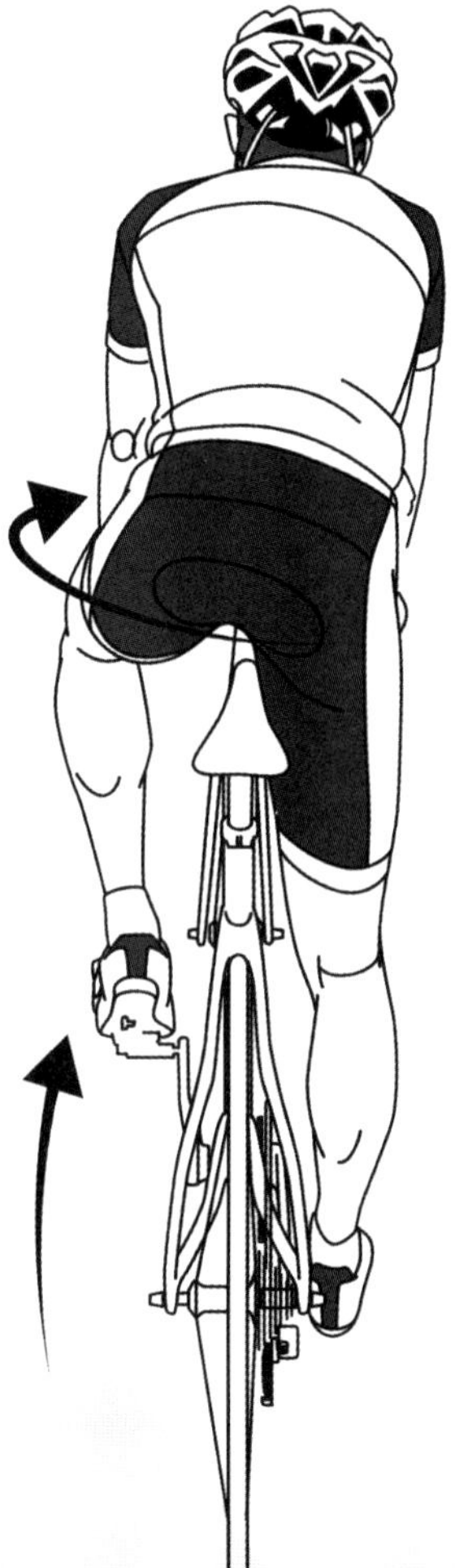

## 「FTPだけ考えても速くなれないぞ」

**中村**：ただ、ひとつ付け加えさせてもらいたいのは、僕は森本さんと違って、乗りはじめてから勝てるようになるまで時間がかかったんですね。その時間の中で、乗鞍ヒルクライムを狙いはじめたころからスキルを意識した感じです。

**森本**：（中村）俊介がブレイクしたのは、はじめて乗鞍を勝った2018年だよね。いや、3位に入った17年かな？

**中村**：その辺ですかね。

**森本**：トップ10くらいをウロウロしている時期が長かった気がする。失礼な話やけど、それまでのあだ名は「千切れおじさん」やっけ（笑）。

中村：（笑）。それが17年に3位に入って「なんで？」って言われたんですね。本格的に乗鞍を目指してトレーニングをはじめたのが15年くらいで。僕はもともとツール・ド・おきなわを目指していましたから。

森本：乗鞍を狙おうと思ったきっかけは？

中村：それまでの僕はＦＴＰを上げることを目標にしていたんですけど、知り合いの師匠みたいな人に「そんな練習ばかりじゃダメだ。誰かを倒すことを考えないと」って言われたんです。

森本：ああ、そうなんや。

中村：あとは就職したこともあって、ロードレースより安全な乗鞍を目指そうと思ったんです。スキルとか体の使い方を意識しはじめたのはそのころですかね。

## ダンシングでスキルに気づいた

中村：スキルを意識したきっかけは、やっぱりダンシングですかね。森本さんがレースでダンシングを武器にしていましたけど、僕は同じようにダンシングをしても、体力を消耗してるだけだなと感じたんです。

森本：ああ、（ツール・ド・おきなわで6勝した）高岡亮寛さんを意識してダンシングしてたころかな。ただ、ヒルクライムレースではあまりダンシングは使わなかった気もするが……。

中村：森本さんじゃなかったかもしれないですけど、とにかく速い人のダンシングのアタックについていこうとしてダンシングをしても、一方的に消耗する気がしたんですよ。それでスキルを意識しはじめたんです。ロードバイクを効率的に進めるスキルを。

森本：今の俊介のダンシングは強烈やね。乗鞍の終盤でも、ダンシングを武器にしているでしょう。

中村：ダンシングに限らず、昔の僕のスキルと今のスキルは別ものだと思いますよ。

## ダンシングスキルは差が大きい

森本：ダンシングスキルは、差が大きいね。はっきり言って、ホビーレーサーでちゃんとダンシングができる人は一握りやと思う。高岡亮寛さんは本当にきれいだけど……。

**中村**：そうですね。ツール・ド・おきなわの終盤でもそう。なんというか、力強くてロスの少ないダンシングをできるホビーレーサーってほぼいないんですよね。僕もできているとは言えないし……。

**森本**：いやあ、今の俊介のダンシングは凄いよ。

## ダンシングの「メリット」が生まれていない

**中村**：単にロードバイクの上に立ってペダリングするだけなら誰でもできるんですけど、ちゃんと「メリット」が生まれないとダンシングとは言えないと思うんです。

**森本**：たしかに。

**中村**：シッティングではなくあえてダンシングをするわけですから、シッティングを上回るメリットがなければいけないということです。シッティングで使う筋肉を休ませるとか。でも、昔の僕じゃないですけど、ダンシングをすると単に消耗するだけの人が多い。

**森本**：なるほど。その意味だと、自分がダンシングの価値を理解したのはJプロツアーを走ったときかな。Jプロツアーだとダンシングを使わないと残れないから、否応なしに使わざるを得ない状況に追い込まれたという。

## ロードレースの影響で走りが変わった

**中村**：僕もロードレースに参加しているおかげで、ダンシングのスキルを手に入れられた実感はありますね。だから、実は(二連覇した)2018年の乗鞍と2019年の乗鞍では走り方が違うんですよ。その間にダンシングのスキルが上がりましたから。

**森本**：そうなの？

**中村**：ええ、2018年は典型的なクライマー的な走り、つまり一定ペースで走る「アベレージ走行」でした。そもそも練習内容が、上りを一定ペースで走る場合が多かったですから。でもロードレースを中心に練習した2019年は、ペースの上げ下げにも対応できるようになりましたから、乗鞍での走り方も変わり

СПУТНИК

ました。

**森本**：2019年になって変わった印象はないけれど……。もともと俊介は終盤の5㎞くらいまでは息を潜めていて、そこから一気にダンシングを使って出てくるイメージだから。

**中村**：たしかに、勝負どころではもともとダンシングを使っていましたね。ただダンシングを多用するロードレースの影響があったのも事実なんです。

## レース前日にポジションを変える⁉

**中村**：森本さんは、乗鞍の前日にペダルを変えたりしてませんでしたっけ。

**森本**：うーん、変えた記憶はあるけれど、理由は覚えてないな。どちらかというと、ポジションというと冬のオフにいじるイメージが強いな。自分は二ヵ月くらい休むから、オフ明けは感覚が全然違うからね。

**中村**：たしかにオフはポジションをいじりますけど、森本さんほど色々やることはないですね。1㎜、2㎜くらいポジションを変えることはありますが……。

**森本**：自分は5㎜くらいはいじるけどなあ。だって俊介、そもそもポジションを1㎜変えたとして、違いが分かる？

**中村**：うーん、試乗会とか、1時間くらいのチョイ乗りじゃわからないですけど、長距離乗ると分かりますよ。たとえばサドルを1㎜上げたら、そのぶん脚が伸びるわけじゃないですか。

**森本**：ふうん。そういうものかな。

**中村**：パワーが上がったとかではなくて、脚の張りが減るとか……。

## 機材差と慣れ

**森本**：そうなんだ。自分は、ロードバイクを換えても2、3回乗ると慣れるというか、何でもいけちゃうからなあ。だから流行りのディスクエアロロードも、数値で「空気抵抗が〇〇W減ります」というなら興味があるけど、それ以外はピンとこない。

**中村**：あの、森本さんがおっしゃる「乗る」っていうのは、練習で「乗る」っていうことですよね？　レースではなく。

**森本**：いや、レースも含めた話だよ。でも機材やポジションへの敏感さは個人差が大きいからね。俊介は機材好きだよね。

**中村**：使い込めばなんでも慣れるのも事実ですけれど、いろいろなバイクに乗って思うのは、そのバイクによって「進む」ポジションや踏み方は違うんじゃないかということです。そんなことないですか？

**森本**：どうだろう。無意識のうちに新しい機材に順応しているのかもしれないけれど、踏み方を変えている意識はあまりないな。もちろん、バイクを替えた瞬間の違和感は大きいよ。でも乗っていると慣れるな。

**中村**：まあ、正直言って僕もフィーリングの世界ではありますね。機材の空気抵抗なんてわからないし、ホイールを変えても世界が変わるわけじゃない。ネットで調べて悪い評判がなくて、かつフィーリングが悪くない物を選ぶ感じですかね。

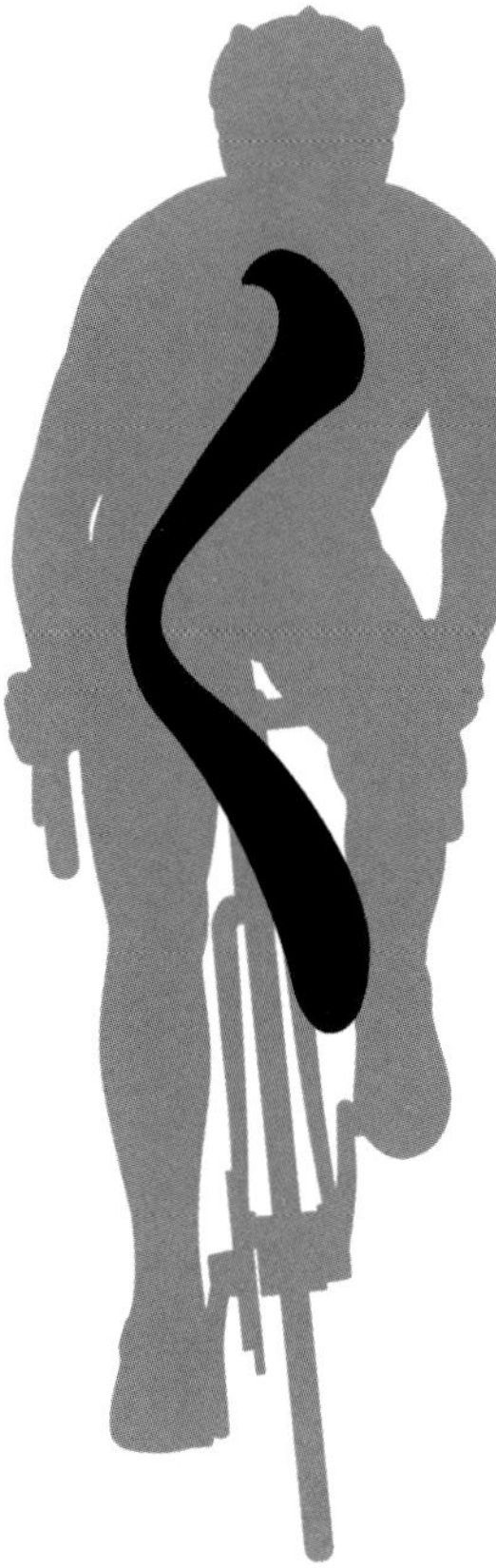

# 本書の見方

ヒルクライムのテクニックを紹介。
重要なところは強調してあります。

テクニックをイラストや
図で解説しています。

No. 01 SHUNSUKE NAKAMURA 中村俊介さん

## ペダルに体重をかける

◎ 手はハンドルに添えるだけ

平地でもヒルクライムでも、乗り手の体重をペダルに乗せて推進力に変えることが重要だ。そのためには、サドルやハンドルには体重をかけすぎないようにし、ペダルに体重がかかるようにしなければいけない。

「ハンドルには手を添えるだけで、握りすぎないようにしてください。上半身が力みます」

ヒルクライムでは、バイクに対する重心の位置を調整することが特に大切になる。勾配が変化するとバイクに対する体の位置が変わるからだ。

「勾配に合わせてこまめにお尻の位置を前後させ、常に重心が一定の位置に来るようにしてください。あと、上体の角度も大切です。上体を前傾させると重心が前に動くので、勾配がきつくなるほど上体を倒します」

また、ヒルクライムだけをするなら、サドルをやや前下がりにしておくこともポイントだという。上り勾配でもサドルが水平に近いほうが前後の移動がしやすいからだ。

◎ 腕で体を支えない

勾配がきつくなると、体が後ろにずり落ちないよう腕で体を支えるサイクリストも多いが、中村さんは否定的だ。

「たしかに腕や上体の力をうまく利用するフォームもあるとは思うのですが、腕の動きを推進力につなげるのはかなり難しいので上級者向けではないでしょうか。基本となる、腕を使わないペダリングを習得するのが先だと思います」

まずはフォームが崩れないくらいの強度で、ペダルに体重をかける練習をしよう。

ポイント
- 体重をペダルにかけるため、手に体重を乗せない
- お尻の位置と上体の角度で重心の位置を調整する

34

### 体重をペダルに乗せる



勾配が変化するとペダルに対する重心の位置も変わる。お尻の前後位置と上体の角度で重心が一定の位置に来るように調整する

アドバイス ハンドルに体重を乗せたり、力んでハンドルを握りしめてしまう人が多いようです。まずは腕をリラックスさせ、ペダルに体重を乗せる練習をしてください。

35

強豪ヒルクライマーたち
からのアドバイスです。

重要な点を箇条書きに
してあります。

file
01

# 中村俊介さん

SHUNSUKE NAKAMURA

**主要獲得タイトル**

2017　マウンテンサイクリングin乗鞍／3位
2018　マウンテンサイクリングin乗鞍／優勝
2019　マウンテンサイクリングin乗鞍／優勝
　　　ツール・ド・おきなわ市民210km／6位

# 体力を推進力に変えるスキル

## ◎「上手い」から速い

乗鞍ヒルクライムを二連覇した中村俊介さんは、パワーなどのフィジカルだけではなく、「スキル」も重視しているという。

「パワーはもちろん大切です。パワーや、体重あたりのパワーである『パワーウェイトレシオ』が大きい人ほど速いのは間違いありません。しかし、本当にヒルクライムが速い人は、パワーだけではなく『上手い』人が多い。つまり、スキルがあるということです。たとえば、（乗鞍を8勝している）森本誠さんは、とてもスキルがある方ですね」

ヒルクライムでは、パワーがタイムに直結すると言われている。しかし、パワーだけでは計れない領域があるということだ。

スキルがあり、ヒルクライムが「上手い」とは、具体的にはどういうことを意味しているのだろうか？

「スキルがある人は、自転車を前に進めるのが上手いんです。たとえば同じ体格の人が、同じコースを同じパワーで走っていたとしても、スキルがある人のほうが速い。それが、スキルがあるということです。別の言い方をすると、『パワーを推進力に変換するのがスキル』ということになりますね」

中村さんは、パワーだけでライバルと差をつけることは難しいと考えている。

「今のホビーレーサーはパワーがある人が増えました。パワーがあることは前提ですが、パワーが拮抗しているからこそ、パワーを推進力に変えるスキルが大切なんです」

具体的なスキルにどういうものがあるのかは、22ページから見ていこう。

**ポイント**

- ◉ パワーなどのフィジカルだけではなく、スキルも重要
- ◉ パワーを推進力に変えるのがスキル

## スキルはパワーを速さに変える

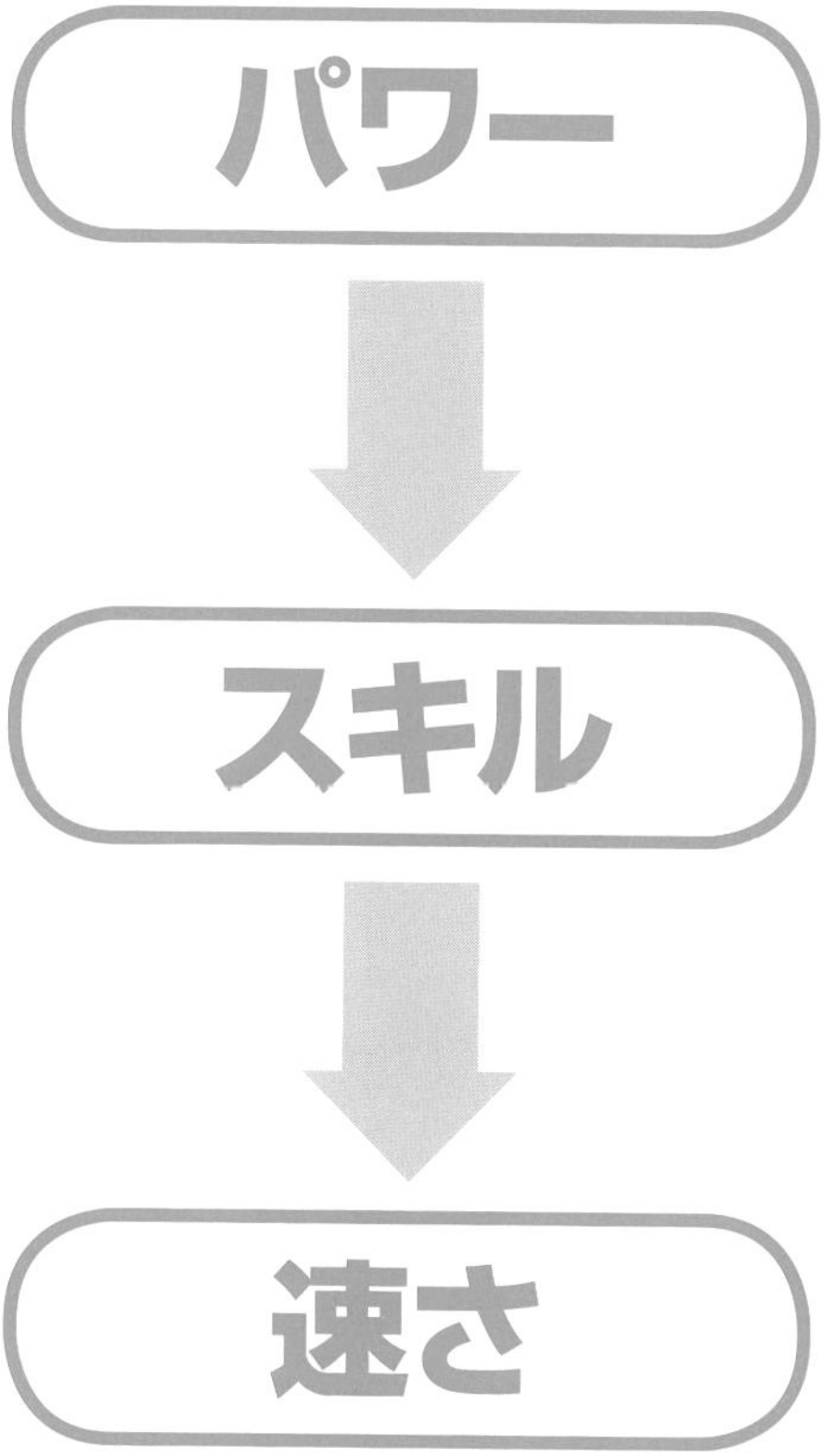


パワーはそのまま速さにはつながらない。同じパワーでも、
スキルによって速さは変わってしまう

アドバイス 速い人に共通しているのが、スキルも高いということです。フィジカルだけを鍛えても速くはなれません。

# ペダリングで差がつくヒルクライム

## ◎ヒルクライムではペダリングで差がつく

ヒルクライムのスキルはたくさんあるという中村さんだが、もっとも大事なのは、やはりペダリングだという。

「パワーを推進力に変えるのはペダリングですから、ペダリングは大切です。とくにヒルクライムでは、平地を走るロードレースよりもペダリングで差がつくように思います。ヒルクライムが速い人はペダリングも綺麗なことが多いですね」

もっとも基本にして大事なスキルがペダリングであることには異論はないだろう。

だが、なぜヒルクライムでは、平地よりもペダリングの重要性が増すのだろうか？

## ◎重力に引っ張られるヒルクライム

「坂を上るヒルクライムでは、重力によって後ろに引っ張られますから、常に減速させようとする力が加わります。ですから、上りでのペダリングがスムーズではない人は、加速→減速→加速……を繰り返すことになってしまい、無駄が多いのです」

無駄な加減速を減らすことは効率的な走りの基本だ。特に、重力によるブレーキがつねにかかっているヒルクライムでは、慣性の力が強く働く平地よりもペダリングのスムーズさが大きな意味を持つということだ。

「パワーは大きいのにタイムが出ない方は、ペダリングがスムーズではないからではないでしょうか」

パワーメーターに表示されるパワーが大きくても、そのパワーが効率的に推進力に変わっているとは限らない。パワーを推進力に変えるのはペダリングスキルなのだ。その詳細はＰ24から解説する。

### ポイント

- ◎ もっとも基本的なスキルがペダリングスキル
- ◎ ヒルクライムではペダリングスキルの差が出やすい

# ペダリングがスムーズでなければ加減速してしまう

重力によって後ろに引っ張られるヒルクライムでは、ペダリングが滑らかでないと加減速を繰り返すことになる

**アドバイス** ヒルクライムでは平地以上に、綺麗に無駄なく回すペダリングスキルが重要になります。

# 速い人はフォームが崩れない

## ◎高強度ではフォームが崩れがち

中村さんは、ペダリングなどのスキルの差は強度を上げたときに表れやすいと指摘する。

「低い強度でゆっくり走っているときはペダリングは綺麗なんですが、高強度になるとペダルを乱暴に踏んだりハンドルにしがみついてしまったりとフォームが乱れる人がいますね。そうなるとパワーを推進力に変える効率が低くなり、余計に苦しくなってしまいます」

ところが、ヒルクライムが速い人は高強度でもフォームが乱れない傾向にあるという。

「速い人は追い込んでも（強度を上げても）フォームを維持できている人が多いですね。別の表現をすると、苦しくなるとフォームが乱れてしまう人は十分なトレーニング負荷を得られず、頭打ちになることがあります」

たしかに、プロや強豪ホビーレーサーはレース終盤でもフォームが乱れにくい。だが、強豪レーサーのフォームが乱れないのはフィジカルが強いから、つまり「フィジカルありき」なのではないだろうか？

## ◎スキルあってのフィジカル

「フィジカルが大切なのは間違いありません。しかし多くの人はスキルが伴わないため、せっかくのフィジカルを十分に速さに変えられないのです」

中村さんは、「スキルあってのフィジカル」だと考えている。どんなにフィジカルが強くても、スキルがなければフィジカルを速さに変えられないからだ。

したがって中村さんは、スキルは、フィジカルとは別にトレーニングしなければいけないという。独立した「スキルトレーニング」が必要だということだ。

**ポイント**

- ◎ 強度が上がるほどフォームは乱れやすい
- ◎ 速いクライマーは追い込んでもフォームが乱れにくい

## スキルがなければフィジカルが生きない

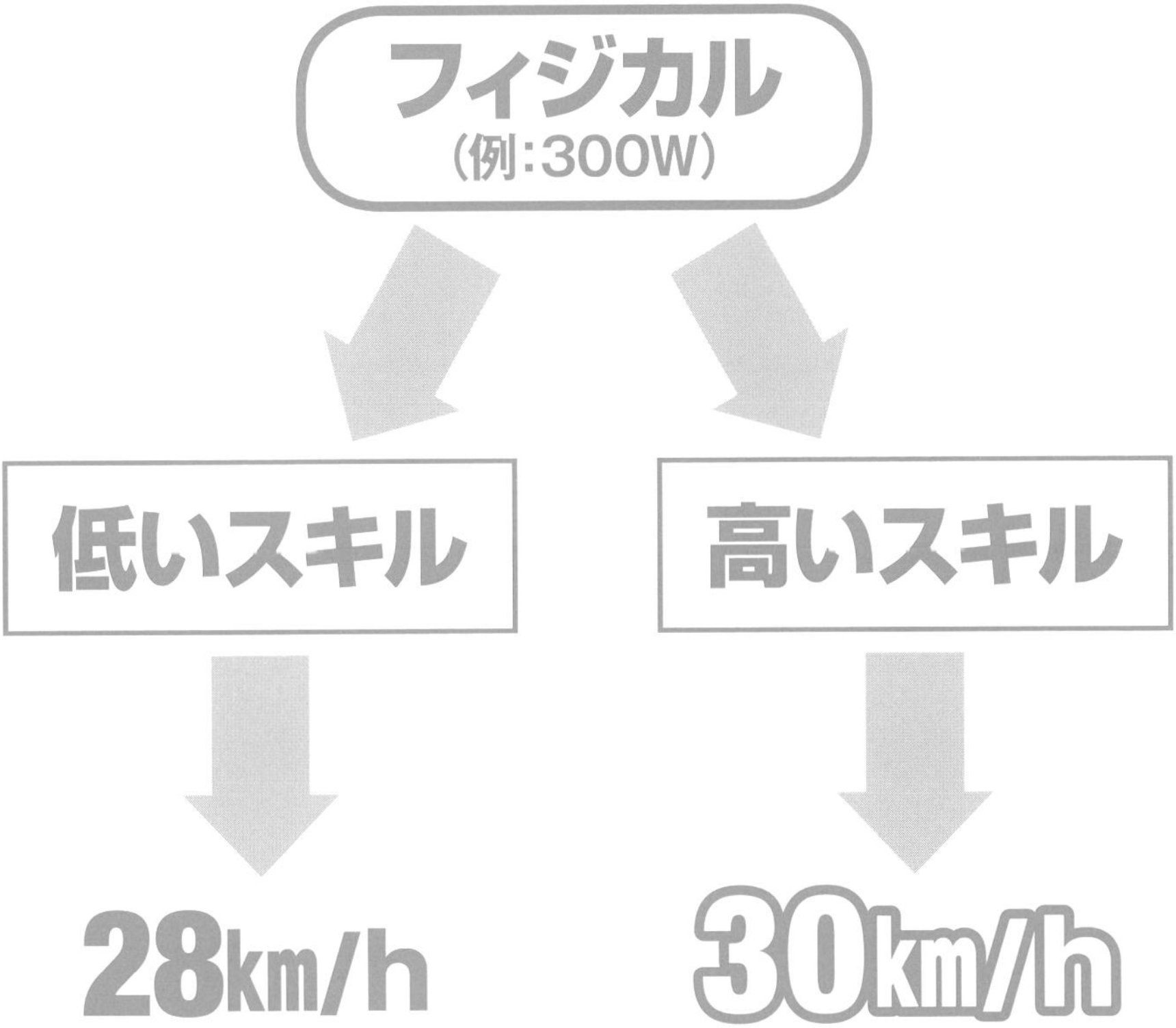


同じフィジカルを持っていても、スキルによって速さには差が出る

**アドバイス** パワーを推進力に変えるスキルの差は、高強度になるほどはっきりと表れます。

# スキルとフィジカルは別に鍛える

## ◎フィジカルトレーニングだけでは×

中村さんは、ヒルクライムのトレーニングで強度を上げ、フィジカルトレーニングだけをしている人が多いと指摘する。

「初心者に多いのが、最初から速いペースで入りすぎて、頂上にたどり着くころにはフラフラになっているパターン。それではフォームが崩れてしまいます」

たしかに、強度を上げるほどフォームは崩れる。しかし、フィジカルを鍛えるためには高い強度のトレーニングが必要なのではないだろうか？　特にヒルクライムでは高強度の効率的なトレーニングが重要だと言われる。

「FTPなどのフィジカルを向上させるためには高強度トレーニングが必要です。でも、スキルが伴わない状態で高強度トレーニングばかりすると、フォームが乱れてしまうからスキルを磨くことはできない。だからスキルトレーニングの時間を、フィジカルトレーニングとは別に確保しなければいけません。がむしゃらに峠を上るのもいいですが、それだけでは限界があります」

つまり、フィジカルを伸ばすための高強度のトレーニングとは別に、スキルを磨くための強度を落としたトレーニングもしなければいけないということだ。

フィジカルトレーニングとスキルトレーニングの両方を行うと、高強度でも綺麗なフォームを維持できる時間が伸びていくという。

「最初は高強度でフォームを維持できるのが30秒くらいだとしても、その時間がだんだん伸びていきます。それが『速くなる』ということです」

高強度のフィジカルトレーニングだけでは、いずれ頭打ちになる。スキルを磨かなければいけない。

**ポイント**

- ◉ トレーニングで強度を上げすぎる人が多い
- ◉ フィジカルトレーニングとは別にスキルトレーニングが必要

## トレーニングにはスキルトレーニングとフィジカルトレーニングがある

**トレーニング**

フィジカルトレーニング

＋

スキルトレーニング

- ペダリングスキル
- ダンシングスキル
- ペース配分

etc...

フィジカルトレーニングは、スキルトレーニングと組み合わせてはじめて効果を発揮する

**アドバイス** フィジカルトレーニングばかりに目が向きがちですが、フィジカルを活かすスキルトレーニングも忘れずに行いましょう。

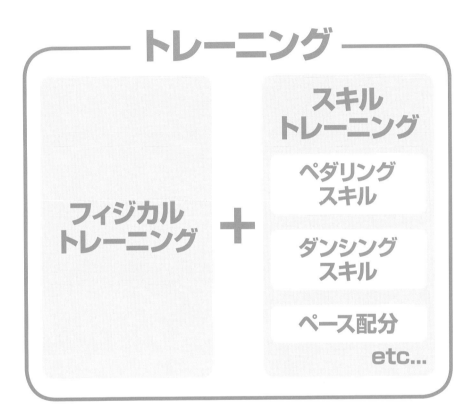

# 強度を下げて、回数を増やす

## ◎タイムを意識してはいけない

中村さんによると、もっともありがちなミスは、峠のタイム更新ばかりを意識してしまうことだという。

「タイムが短縮できたということはパワーウェイトレシオの向上、つまりフィジカルが強くなったことを意味しますから無意味ではないのですが、いつも全力で上ってばかりいるとスキルが一向に磨かれません。そういう人はなかなか伸びないし、フィジカルの伸びが頭打ちになると行き詰ってしまうんです」

したがってフィジカルとスキルの両方を見据えたトレーニング方法の基本は、限界まで追い込まずに9割程度に抑え、代わりに回数を増やすことだという。

「パワートレーニングの考えに基づいておおざっぱにいうと、全力で峠を1回上るのと、少し抑えたペースで2回上るのとでは、得られるTSS（トレーニングストレススコア）は同じ、つまり効果は近いですよね」

トレーニングの効果は時間×強度（パワー）の面積で測れる（図）。したがって、強度を上げれば短時間でも大きなトレーニングの効果が得られる。これが高強度トレーニングが流行している理由だ。

だが、高強度になるほどフォームが乱れるため、スキルアップが期待できなくなる。そこで、フィジカルの強化とスキルアップを同時に行えるのが、少し強度を落とし、代わりに回数を増やす方法だという。

ヒルクライムトレーニングで、一つの峠を複数回リピートすることが推奨されている意味はここにあると中村さんは考えている。

**ポイント**

- ◉ タイム更新ばかり意識するとスキルが伸びない
- ◉ 強度を少し落とし、代わりに回数を増やす

# 強度を落として回数（時間）を増やす

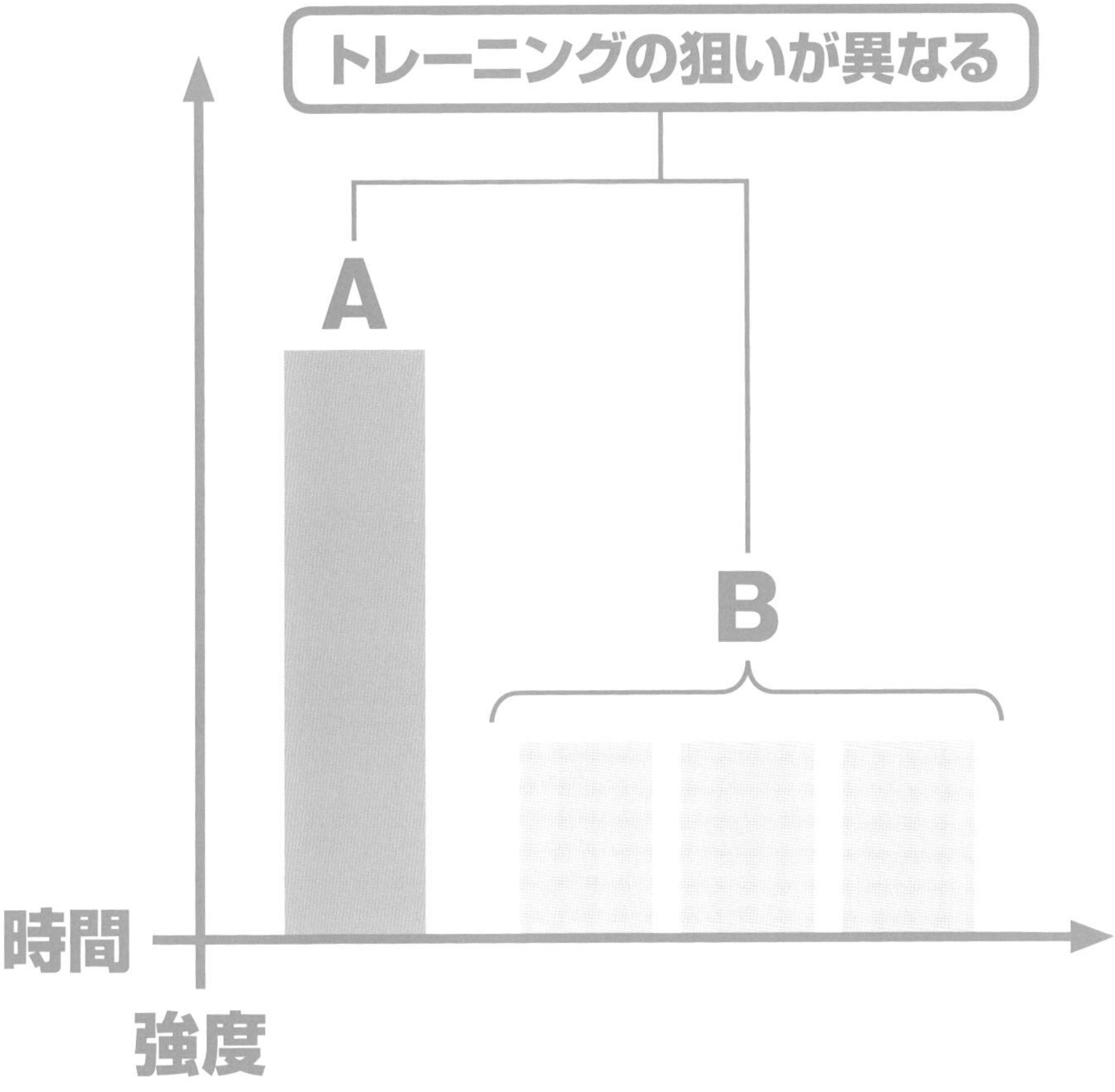


フォームを維持できる程度の強度まで落とし、代わりに回数を増やせばスキルとフィジカルを同時に鍛えられる

アドバイス がむしゃらに走っているだけでは、スキルはまったく向上しません。強度を少し落とし、回数を増やしてください。

# パワーが同じでもタイムは違う

## ◎スキルの差は計りにくい

中村さんによると、ペダリングスキルを判断するもっともシンプルな方法は、峠を上ってパワーとタイムとを比較することだという。

「同じタイムなら、より低いパワーで走れたときのペダリングのほうが効率がいいということです。裏を返すと、パワーが同じでもタイムは異なることがあるということでもあります。同じパワーでも、ペダリングスキルによって数%はタイムに差が出ますね」

パワー（ウェイトレシオ）がパフォーマンスに直結するといわれるヒルクライムだが、実際はズレがあるということだ。だが、なぜだろうか？

「パワーメーターは絶対ではありません。どのパワーメーターもクランクやペダルに装着した『ひずみケージ』で計測したひずみを基にパワーを算出しているので、直接に推進力を測っているわけではないからです。ひずませる方向によっては、力が推進力に変わらないこともありますからね」

中村さんの場合も、周囲のレーサーよりも低いパワーでよいタイムが出る傾向があるという。それは中村さんのペダリングの効率がよいということだが、ペダリングの質はパワーメーターだけでは計れない。

「『ペダリング効率』などを算出してくれるパワーメーターもありますが、それはあくまで機械的な効率であることに注意しなければいけません。肉体的な効率、つまり乗り手の力を推進力に変える効率は機械的な効率とは別なんです。人間は機械ではないので、疲れにくい走り方が大切です」

肉体的な効率は、実際に走って確かめるしかない。その意味でも全力走ばかりではなく、フォームを維持できる、ほどほどの強度で走るトレーニングをする必要がある。

**ポイント**

- ◉ パワーとタイムを比較すればペダリングの効率が判断できる
- ◉ 体力をできるだけ使わずによいタイムが出るのが効率的なペダリング

# パワーメーターに現れないスキル

ひずみを検出して乗り手のパワーを推測するパワーメーターだが、推進力がそのままパワーとして数値化されているわけではない

**アドバイス** パワーや機械的なペダリング効率など、パワーメーターの数字を妄信しないことが大切です。

# 下死点でもトルクをかける

## ◎ 一定速度・トルクでクランクを回す

ヒルクライムのスキルでもっとも重要なのは、加減速のないスムーズなペダリングをすることだ。

「ペダルを踏んで加速→減速→また加速……というペダリングの人が多いですが、これでは非常に効率が悪い。理想は、一定の速度とトルクでクランクを回し続けることです」

そのためには常にペダルに同じトルクをかけつづけなければいけないが、左右の脚の切り替えが問題になる。ペダルを踏む脚を切り替えるタイミングでトルクが抜けてしまい、減速する人がとても多いのだ。

「時計の2時～4時くらいでペダルを踏むことは誰にでもできるのですが、多くの人は下死点付近になるとペダルに推進力となるトルクがかからず、減速してしまいます。すると反対側の足がペダルを踏むときに再加速しなければならず、余計な力が必要になってしまうのです」

下死点付近での減速を避けるためには、足が下死点付近を通過するときにもペダルにトルクをかけるしかない。だが、下死点付近で接線方向にトルクをかけるのは極めて難しい。

「シューズの底の泥を後ろに払う感じでペダルを回す、という表現を聞いたことがあります。その通りだと思いますが、簡単ではないでしょう」

そこで中村さんは、反対側の足に注目する。

「片方の足が下死点付近にあるとき、他方の足は上死点付近ですから、そこから早めにトルクをかけます。殿筋を使って前方に蹴りだすイメージですね。あと、踏み遅れて下死点まで踏まないようにしてください」

こうして上死点・下死点付近でペダルにトルクをかけられれば、加減速を防ぎ、スムーズで効率的なペダリングができる。

**ポイント**

- ◉ 0時を通過するときの踏み遅れが減速の原因
- ◉ 下死点で踏まないように注意

# 踏み遅れに注意

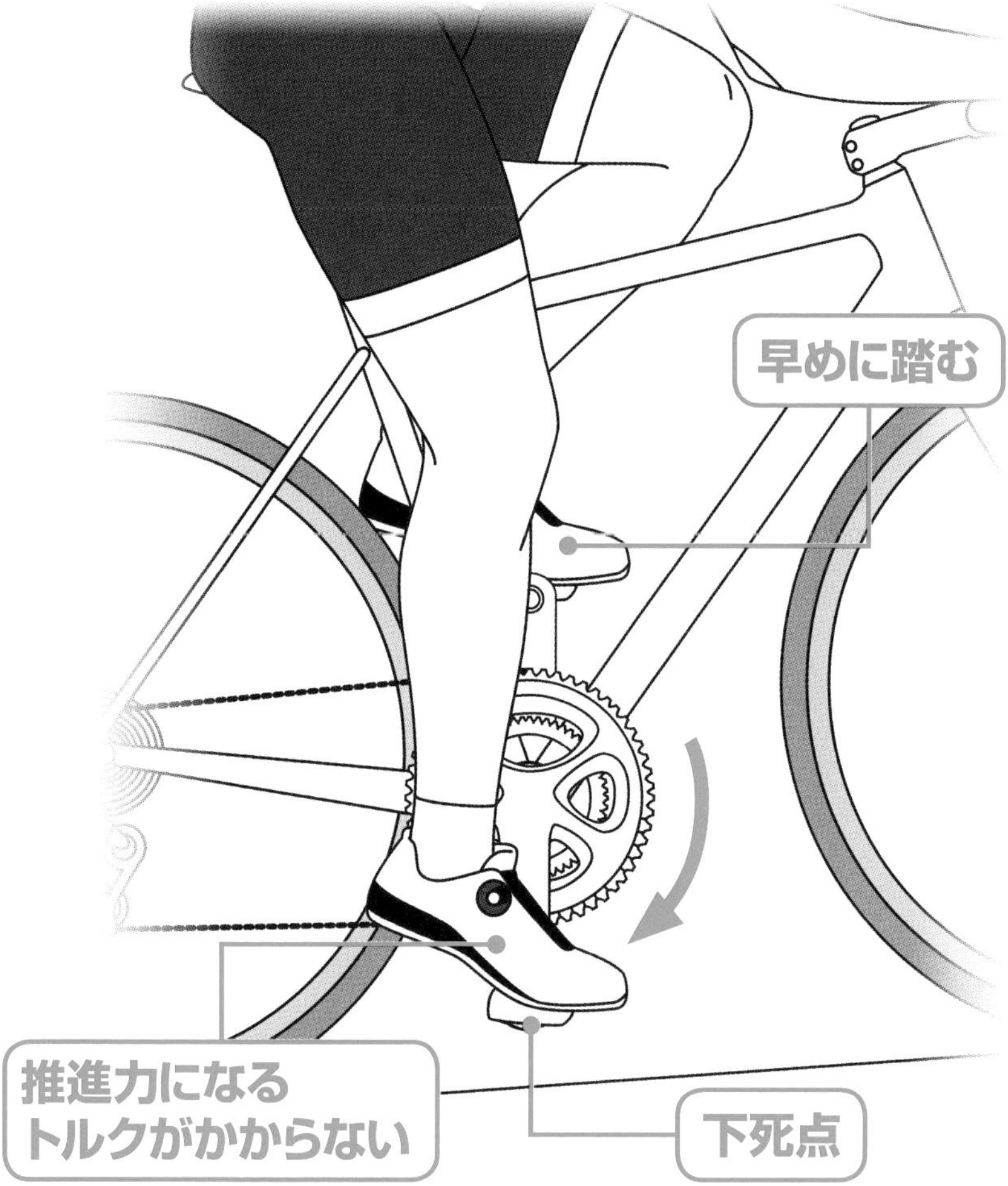


下死点付近ではトルクが抜けやすい。そこで、上死点付近にある反対の足を利用してトルクをかける

**アドバイス** ペダルにトルクをかける足をパッと瞬間的に切り替えるのは難しいと思います。下死点・上死点付近で徐々に反対の脚にバトンタッチするイメージを持ってください。

# ペダルに体重をかける

## ◎手はハンドルに添えるだけ

平地でもヒルクライムでも、乗り手の体重をペダルに乗せて推進力に変えることが重要だ。そのためには、サドルやハンドルには体重をかけすぎないようにし、ペダルに体重がかかるようにしなければいけない。

「ハンドルには手を添えるだけで、握りすぎないようにしてください。上半身が力みます」

ヒルクライムでは、バイクに対する重心の位置を調整することが特に大切になる。勾配が変化するとバイクに対する体の位置が変わるからだ。

「勾配に合わせてこまめにお尻の位置を前後させ、常に重心が一定の位置に来るようにしてください。あと、上体の角度も大切です。上体を前傾させると重心が前に動くので、勾配がきつくなるほど上体を倒します」

また、ヒルクライムだけをするなら、サドルをやや前下がりにしておくこともポイントだという。上り勾配でもサドルが水平に近いほうが前後の移動がしやすいからだ。

## ◎腕で体を支えない

勾配がきつくなると、体が後ろにずり落ちないよう腕で体を支えるサイクリストも多いが、中村さんは否定的だ。

「たしかに腕や上体の力をうまく利用するフォームもあるとは思うのですが、腕の動きを推進力につなげるのはかなり難しいので上級者向けではないでしょうか。基本となる、腕を使わないペダリングを習得するのが先だと思います」

まずはフォームが崩れないくらいの強度で、ペダルに体重をかける練習をしよう。

**ポイント**

◉ 体重をペダルにかけるため、手に体重を乗せない
◉ お尻の位置と上体の角度で重心の位置を調整する

# 体重をペダルに乗せる

勾配が変化するとペダルに対する重心の位置も変わる。お尻の前後位置と上体の角度で重心が一定の位置に来るように調整する

**アドバイス** ハンドルに体重を乗せたり、力んでハンドルを握りしめてしまう人が多いようです。まずは腕をリラックスさせ、ペダルに体重を乗せる練習をしてください。

# ダンシングは「忍者」のイメージで

## ◎上りの成績を左右するダンシング

ヒルクライムには欠かせないスキルがダンシングだ。

ダンシングではシッティングとはまったく違う筋肉を使うため、ダンシングスキルの有無は成績を大きく左右する。効率的なダンシングができないと、「シッティング用」の筋肉を休めることができないからだ。

「ダンシングは重要です。僕もたとえば、急に勾配がきつくなる場面などではダンシングでクリアします。ただ、ダンシングはシッティング以上にスキルの差が出るかもしれません。下死点まで踏んでしまい、その結果無駄に加減速してしまう人が多いからです」

サドルから腰を上げるダンシングではシッティング以上に体重をペダルにかけられるため、うまく体重を推進力に変えられれば圧倒的な効率でバイクを進めることができる。

だが、単にペダルに体重をかけるだけでは、下死点まで踏み切ってしまう。すると反対側のペダルに体重を移すまでの間に減速し、再び加速が必要になってしまうということだ。

「だから、ペダルが下死点に到達する前に反対側の足に体重を移さないといけません。イメージとしては、『水蜘蛛』を履いて水面を歩く忍者ですね(笑)。右足が沈む前に左足を出し、左足が沈む前に右足を出す……の繰り返しです」

ダンシングには他にも上体の使い方やバイクの振り方など細かいポイントがいくつもあるが、効率的なダンシングができているかどうかは長時間続けられるかどうかでわかるという。

「30秒くらいで脚がいっぱいいっぱいになってしまったら、それは無理があるフォームです。ゆっくりでいいので、1、2分は続けられるフォームを探しましょう」

**ポイント**

- ◎ ダンシングはヒルクライムではとても重要
- ◎ 下死点まで踏み込まずに反対の足に体重を移す

# 下死点まで踏まない

水面を歩く忍者のイメージで、足を下死点まで踏み込む前に反対の足に体重を移す

**アドバイス** 追い込まない軽めの強度で、数分ほどダンシングを続ける練習をしてみてください。追い込んでしまうとフォームが乱れてしまいます。

# 「ヒルクライム=苦しい」は間違い

## ◎ 練習が苦しいとは限らない

ヒルクライムの走行テクニックを語る上で欠かせないのが、ペース配分だ。多くのサイクリストは序盤にペースを上げすぎてしまい、終盤失速してしまう。

そのため、ヒルクライムでは「徐々にペースを上げる」「尻上がりに走る」ことが理想だとしばしば言われるが、実際は難しい。

「ペース配分がうまくできない人が多いのは、『ヒルクライム=苦しい』という先入観が強いからではないでしょうか。もちろん時には苦しむ必要もありますが、歯を食いしばるだけが練習ではありません。たとえば楽器の練習で歯を食いしばったりはしませんよね」

## ◎ 練習が苦しいとは限らない

中村さんによると、適切なペース配分が身につかないのは、峠を1本だけ上って満足してしまうクライマーが多いからだという。

「1本だけ全力で上っても綺麗なフォームやペース配分などのスキルは身につきません。でも、2本以上繰り返せばペースを抑えて上る感覚を身につけられますし、体の動きを把握できるのでフォームも洗練されます。体の使い方を知るためには、あえて強度を落とすのも有効です」

中村さんは、トレーニングに対するイメージを改めたほうがよい人が多いと考えている。

「練習とは頑張るもの、苦しいもの、という思い込みがスキルアップを妨げている気がします。でも、体の動きを知ってスキルアップに力を入れるのも大切です」

**ポイント**

◎「ヒルクライム=苦しい」は危険な思い込み
◎ リピート練習をすることでペース配分が身につく

# ゴールを実際よりも遠くに意識する

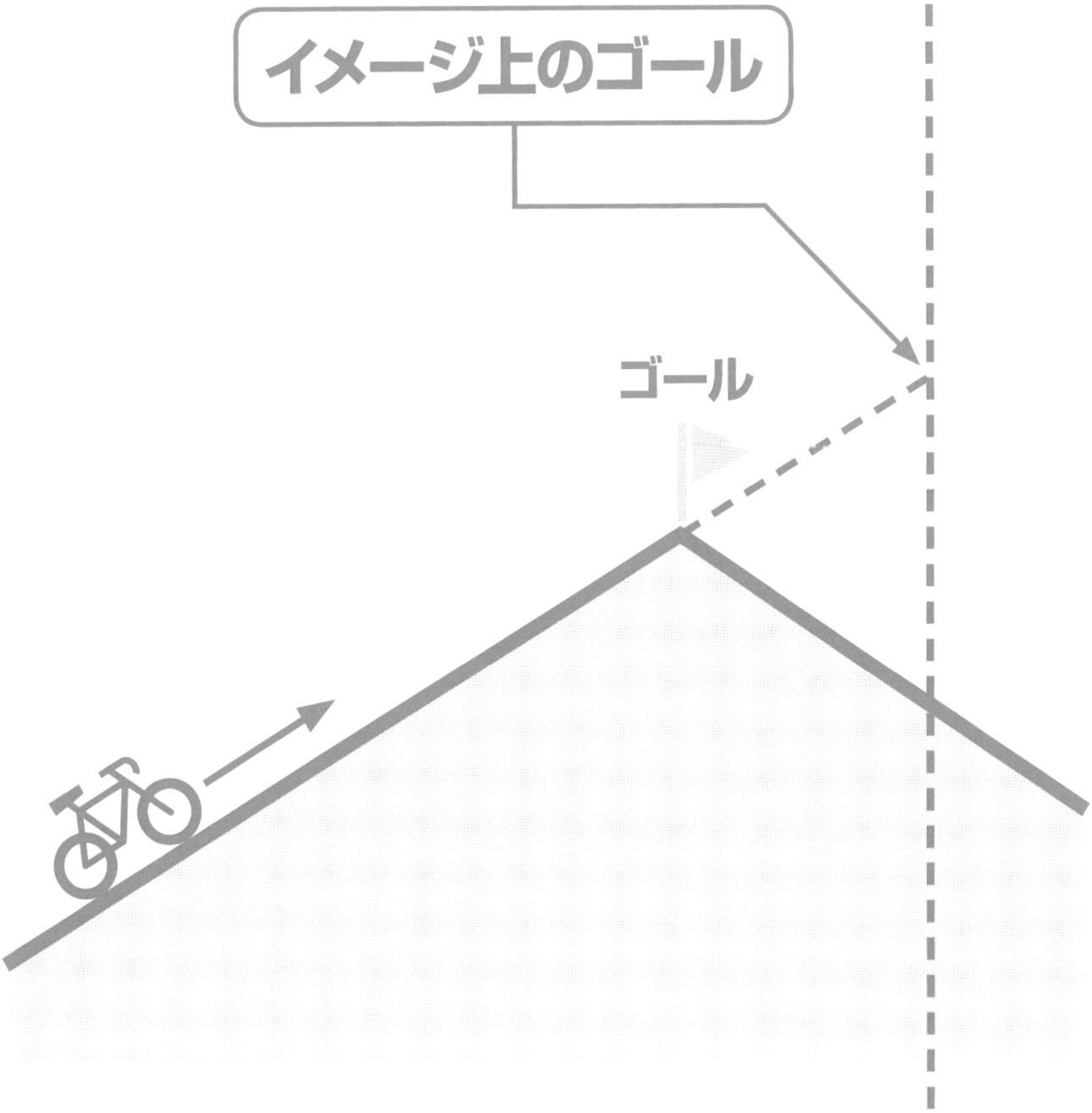


実際のゴールよりも先にゴールラインがあると仮定して走ると、ペースを抑えて走ることができる

アドバイス 「ヒルクライムは苦しいもの」という一種の根性論にとらわれてしまい、結果的に速くなれない人が多いようです。

# 楽器の練習のように段階を踏む

## ◎「いきなり全部」は無謀

ペダリングやペース配分などのスキルはもちろん、フィジカルトレーニングも、「段階を踏む」ことが大切だと中村さんは言う。

「いきなり全力で峠を上ってフラフラになってゴール、を繰り返すのはよい方法だとは思えません。フィジカルはそれなりに強くなるかもしれませんが」

それよりは、少しずつステップを踏んで徐々に速くなる方が、結果的には早く、かつ強くなれるという。

「ピアノなどの楽器の練習をイメージするといいかもしれません。いきなり曲を頭から最後まで弾こうとはしませんよね。まずは片手ずつ、ゆっくりとしたペースで、少しずつ練習するはずです。**ヒルクライムも同じで、段階を踏んで強くなるべきなんです**」

したがって、まずはフォームが崩れない程度の強度でスキルを一つひとつ身につけ、その後少しずつ強度を上げていくのが正しいやり方だという。

「おおざっぱに分けても、シッティング、ダンシング、ペース配分などクライマーが身につけなければいけないものはたくさんありますから、一つずつマスターしてください。いきなり全力で上ってしまっては、すべてが中途半端になってしまいます」

中村さんは、トレーニングの方法やスキルには秘密はないと考えている。

「世の中にはトレーニングやフォームに関するいろいろな理論がありますが、どれもおおむね正しいと思うんです。ただ、多くの人はそこにたどり着くまでの過程をとばしてしまっているから行き詰るんでしょう」

慌てずに、着実にトレーニングを積むことが結果的には近道になりそうだ。

**ポイント**

- ◉ 少しずつ、段階を踏んでトレーニング
- ◉ 楽器の練習のように、少しずつマスターしていく

# 楽器の練習のイメージ

楽器を練習するように、スキルを分解し、一つひとつ身につけていく

アドバイス 落ち着いて、自分に何が足りないのかを考えてみましょう。そして一つひとつ着実に身につけていってください。

# 極端なセッティングは避ける

## ◎機材でバクチは打たない

中村さんがヒルクライムレースに使うトレックのエモンダは登坂に定評のあるフレームだが、ヒルクライムに特化したセッティングにはしていない。

「(クライマーに多い)前乗りポジションにはしていません。確かに峠のタイムアタックだけなら前乗りが速いですが、レースでは駆け引きもありますから。他にも、極端な軽量パーツは使っていません」

たしかに、「機材でバクチは打たない」という中村さんのエモンダには特別なパーツは使われていない。チェーン落ちを避けるためにフロントのチェーンリングは二枚。ビッグプーリーも、トラブルを防ぐために使っていない。

ヒルクライムに特化したセッティングは、トレーニングの観点からも問題が多いと中村さんは考えている。

「上りに特化してしまうと、上りの練習しかできなくなるので、結果的にトレーニング時間が短くなると思うんです。峠にトレーニングに行くとしても、平地や下りを走っている時間のほうが圧倒的に長いわけですから、そちらも大切にしたセッティングのほうがいいのでは」

ヒルクライムの成績だけを考えても、幅広いトレーニングをしたほうが最終的にはよい結果につながるということだ。

もともとヒルクライムレースだけではなくロードレースも狙っていた中村さんは、ロードレースからヒルクライムのヒントを得ることも多かったという。近視眼的にならないほうがよさそうだ。

**ポイント**

- ◎ リスクを避けるために堅実なセッティング
- ◎ 上りに特化したセッティングはトレーニングの幅を狭める

# 堅実なセッティングでこそ速くなれる

ロードレースもにらんだバランスのいいセッティングのほうがトレーニングの幅を広げる

アドバイス 極端なセッティングでは一部の筋肉しか使えません。短期的には速くなれても、本当の意味で強くなることはできません。

# 中村俊介さんのトレーニング

## ◎おきなわに向けて

ヒルクライムだけではなく、ロードレースも強く意識するようになった中村さん。乗鞍ヒルクライムと並び、ホビーレーサーのトップを決めるツール・ド・おきなわ210㎞も大きな目標としている。

その結果、トレーニング内容も変わってきているという。

「距離は伸びましたね。週末は170㎞〜200㎞ほど走っています」

短時間で終わるヒルクライムに特化したトレーニングではなく、ロードレースを見据えた、長距離のトレーニングが増えているということだ。

## ◎ベース作りに力を入れる

しかし、がむしゃらに高強度トレーニングをしてるわけではない。むしろ、中村さんはじっくりとベースを作ろうとしている。

「2019年までは、平日のトレーニングはほぼ必ず高強度メニューをやっていましたが、今は週に数回程度ですね」

総合力が問われるロードレースに挑む中村さんだが、トレーニング強度がむしろ落ちているのは興味深い。

「平日はトレーニングをしない日も少なくありませんが、メニューがない日は川沿いの走りやすい道でSST走をしたり、ペースを落として持久力を付けるトレーニングをしたりしています」

乗鞍ヒルクライムの連覇で、ヒルクライマーとしては一つの頂点に達した中村さん。ヒルクライムへの情熱は衰えないが、これからはもう一つの頂である、おきなわの頂点をも目指すことになる。

**ポイント**

- ◎ おきなわに向けて練習量は増えている
- ◎ 高強度だけでなく、低強度でのベース作りに力を入れている

## 中村俊介さんの一週間

| | |
|---|---|
| 月曜日 | 休息日 |
| 火曜日 | SSTや低強度走でベース作り |
| 水曜日 | 高強度メニュー |
| 木曜日 | SSTや低強度走でベース作り |
| 金曜日 | 休息日 |
| 土曜日 | 170km～200kmほどの長距離練習 |
| 日曜日 | 170km～200kmほどの長距離練習 |

アドバイス 高い強度で追い込むことも必要ですが、じっくりとベースを作ることも強くなるためには欠かせないと考えています。

## Column ❶

# 平地からはじまったレーサーライフ

乗鞍ヒルクライムの二連覇でクライマーのイメージが強くなった中村さんだが、実は自転車競技への入り口はロードレースだった。

東京工業大学の大学院に通っていたときにロードバイクを買った中村さんだが、偶然ネットで見かけたクラシックハンター、ファビアン・カンチェラーラの映像に魅せられ、多摩川沿いを走り始めたのが最初の「トレーニング」だったからだ。

その後中村さんは、正式加入こそしなかったものの東京工業大学の自転車競技部の練習に参加し、トレーニングを本格的に開始。2012年にははじめてのレースであるMt.富士ヒルクライムで１時間14分のタイムを出し、秋のツール・ド・おきなわ140㎞部門では９位に入った。

その後はヒルクライムに力を入れていった中村さんだが、今もロードレースへの情熱は衰えていない。狙うタイトルは、もちろんツール・ド・おきなわ市民210㎞だ。

file 02

# 佐々木遼さん

RYO SASAKI

主要獲得タイトル

2019　Mt.富士ヒルクライム／優勝

# 差をつけるためのスキルトレーニング

## ◎フィジカルだけではすぐに行き詰る

陸上競技に打ち込んでいた佐々木遼さんは、高校三年生のときにトレーニングの一環として自転車に乗りはじめる。最初はツーリングを楽しんでいた佐々木さんだが、大学院の修士課程に進んだころには競技にもチャレンジしはじめた。

「それがヒルクライムでした。理系だったせいか、パワーや峠のタイムといった数値でパフォーマンスの伸びを測れるのが楽しかったですね」

佐々木さんは順調に力を伸ばしていったが、ある段階からは行き詰まりを感じるようになる。

「ひたすらパワーを上げるだけの練習があまり好きではなかったんです。ローラー台も苦手です」

そこで佐々木さんは、パワーを伸ばすトレーニングだけではなく、スキル面にも着目しはじめた。

「フィジカルトレーニングだけだと、メンタル的に持たない。モチベーションが続かないんです。あと、ヒルクライムではペダリングや勾配の変化に対応して走り方を変えるスキルが重要だと気づいたのも理由です。特に、終盤に勾配が大きく変わる富士すばるラインなどではスキルが大切です」

スキルトレーニングを取り入れた結果はすぐに表れた。2019年に、すばるラインを上るMt.富士ヒルクライムで優勝したのだ。

「ヒルクライムではパワーウェイトレシオが重要なので、ある段階まではパワーを伸ばす練習が重要なのは確かです。でも、フィジカルトレーニングばかりでは長続きしませんし、周囲に差をつけることもできません」

佐々木さんをトップクライマーに押し上げたスキルとは、どのようなものだろうか？

**ポイント**

◉ 最初のうちはフィジカルトレーニングでパワーを伸ばす

◉ フィジカルトレーニングだけではモチベーションが低下する

# Mt.富士ヒルクライムでの優勝

ハイペースで進み、勾配変化などへの対応が難しいすばるラインで勝利した

アドバイス FTP以外にも重要な点がたくさんあるのがヒルクライムです。そこに気づけるかどうかは、大きな差を生むでしょう。

# アンクリングのロスを減らす

## ◎すべてはクリート位置からはじまった

佐々木さんが最も重視するスキルは、やはりペダリングだ。

「ヒルクライムでは、ペダリングスキルの差が大きく出るんです。同じ体重・同じパワーで走っても、タイムが数%は違います。できるだけ無駄なくトルクを推進力に変えなければいけません」

そんな佐々木さんが最初に目を付けたのは、アンクリング（カカトの上下）による無駄を減らすことだった。

## ◎クリートを深くしてアンクリングを減らす

「引き足でカカトが下がり、踏み足ではカカトが上がる……というアンクリングをしていることに気づいたんです。カカトが上下するとロスになりますし、僕の場合脚がつることにもつながります。だから、このアンクリングをどうやってなくすかを考えはじめました」

佐々木さんはまず、クリートの位置に着目した。クリートの位置を深くする（後ろにする）ことで、アンクリングを減らせると考えたのだ。

「極端な話、カカトにクリートを付けられればアンクリングはゼロになるはずです。だからクリートを一番深い位置にしたところ、**アンクリングは減りました**」

また、クリートを深くしたことによって、サドルのポジションも変わったという。

「最初は、『少しサドルが高いな』と感じました。クリートを深くしたことで股下が短くなったからでしょう。また、お尻の位置が前に移動して前乗りにもなったため、サドルを数ミリ下げ、また前にも出しました」

このポジション変更によりロスは減り、つることもなくなったという。

**ポイント**

- ◉ アンクリングは力のロスになる
- ◉ クリートを深くするとアンクリングを減らせる

# クリートを深くして前乗りに

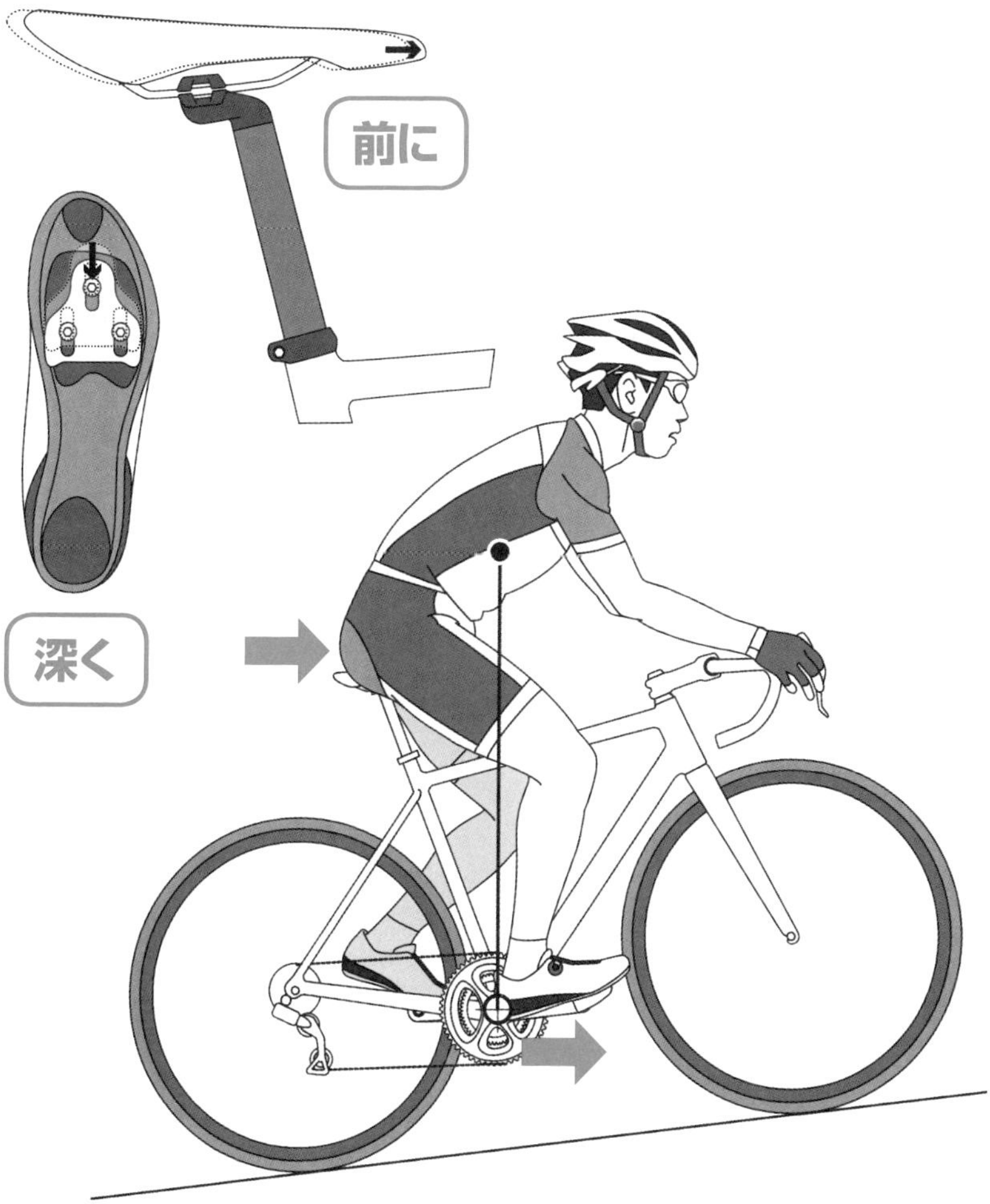


クリートを深くしてアンクリングを減らす。ペダルに対する体の位置が変わるので、サドルを少し低く、前に出すことも忘れない

**アドバイス** クリート位置➡サドルの高さ➡サドルの前後位置と、一つひとつ改善していくと変化がよくわかります。

# 「斜めペダリング」で下死点をクリア

## ◎足を自然に引き上げる

ポジションを変えてアンクリングによるロスを防げるようになった佐々木さんだが、それでフォームが完成したわけではなかった。ペダリングにはまだまだ改善の余地があったからだ。

「足首の角度が変わらずに、かつ滑らかに360度にわたってトルクをかけられるペダリングが理想です。そのためには、スムーズに足を引き上げる必要があると考えました」

足を上げる際に足首の角度が変化すると、無駄なアンクリングにつながる。かといって足首が力むとスムーズなペダリングを妨げる。

自然に、かつ足首が動かないペダリングを求めた佐々木さんは、足を引き上げるイメージを変えればよいことに気づく。

「多くの人は真上に足を上げると思うのですが、僕は斜め前に引き上げるイメージでペダリングをするようになりました。こうすると、足首を意識しなくても自然にアンクリングを防げるからです」

つまり、左のイラストのように2時〜8時にかけて、斜め方向に足を往復させるイメージでペダリングするということだ。

## ◎下死点・上死点をスムーズに通過できる

この「斜めペダリング」には、アンクリングを防ぐこと以外に思わぬメリットがあった。

「上死点と下死点で足を止めないイメージでペダリングするので、**上死点・下死点を滑らかに通過できるんです**」

前乗りのポジションで、斜め後ろにペダルを蹴りだし、斜め前に引き上げる。2時〜8時にかけての「斜めペダリング」は、佐々木さんの武器になっている。

**ポイント**

- ◎ 上ではなく、斜め前に足を引き上げる
- ◎ 2時〜8時の楕円に沿ってペダリングするイメージ

## 2時〜8時の楕円でペダリング

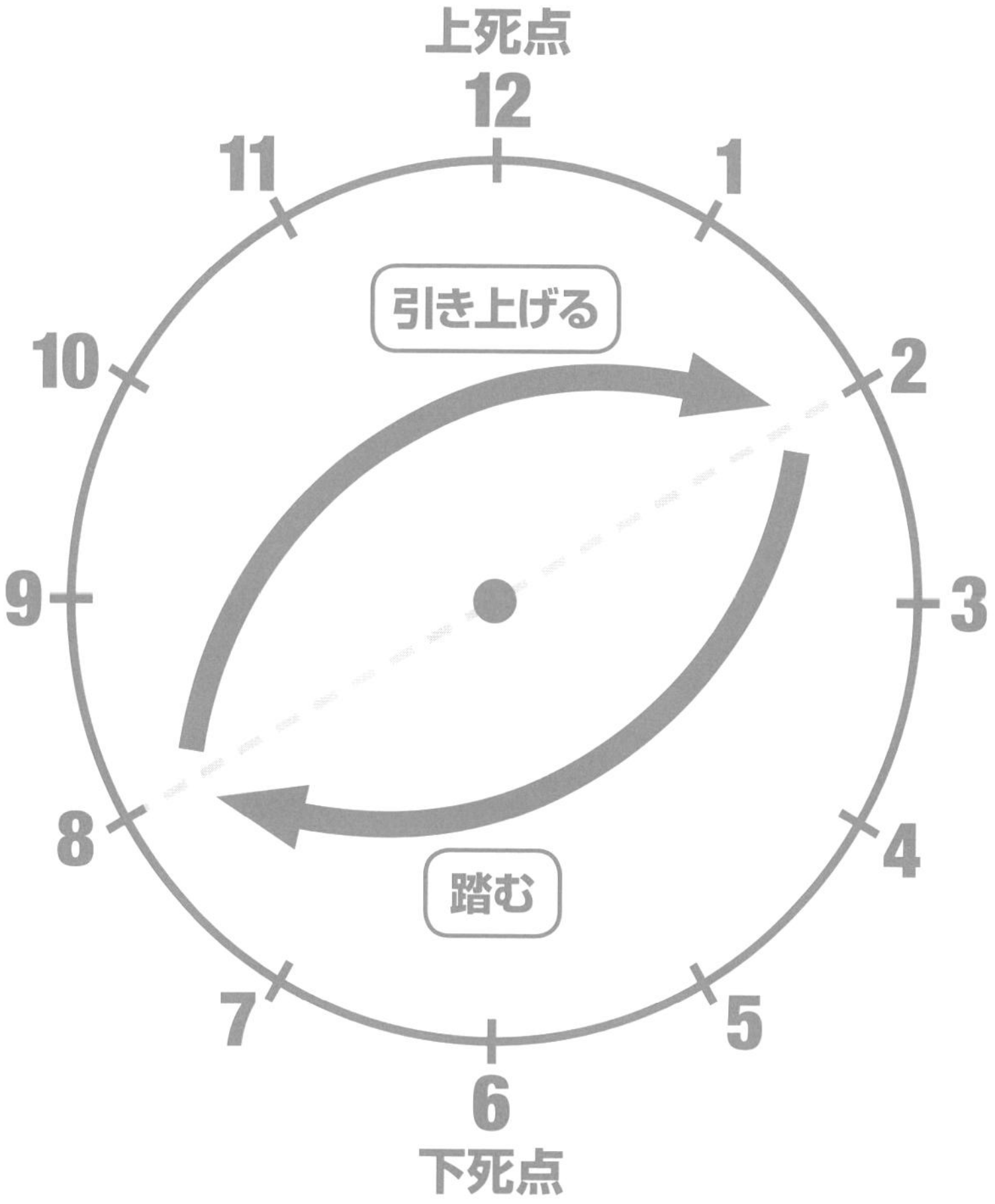


12時〜6時ではなく2時〜8時の楕円に沿うイメージでペダリングすると、上死点・下死点をスムーズに通過できる

**アドバイス** 前乗りのポジションなら、このペダリングのほうが低いパワーで速く走れる印象があります。綺麗にペダルを回すことができます。

# 大きな筋肉でペダリングする

## ◎ 体幹に近い筋肉を使う

佐々木さんが重視していることの一つに、「大きな筋肉」を使うことがある。

「脚の先の小さな筋肉ではなく、腿や殿筋、体幹などのできるだけ『大きな筋肉』を使うことを心がけています。そのほうがパワーが出ますし、長持ちします」

しかし、体幹の大きな筋肉を意識することは難しいため、つい意識しやすい脚の先の筋肉を使いがちだ。

そのため佐々木さんは、大きな筋肉を意識的に使うためのトレーニングを日常的に行っていたという。

「大きな筋肉、とくにお尻の殿筋を使う感覚をつかむために、階段を利用していました。階段を上るときに、ひざ下の筋肉ではなくお尻の筋肉で体を持ち上げるようにするんです。自宅のマンションに帰るときにもエレベーターを使わず、わざわざ階段で7階まで上っていました（笑）。自転車に乗るときもお尻で階段を上るイメージでペダルを踏むとうまくいきましたね」

## ◎ サドルは少し前下がり

佐々木さんは、サドルを少し前下がりにしている。これもペダリングでペダルにトルクをかけるためだ。

「上りではフロントが上がるので、お尻が後ろにずり落ちがちなんです。少し前下がりにしておくと、お尻が後ろにずれてしまうことを防げますよ」

できるだけ大きな筋肉を使い、また筋肉の力を逃さないポジションをとることが重要だ。

**ポイント**

- ◎ 体幹に近い、大きな筋肉を使ってペダリングする
- ◎ 階段を使い、大きな筋肉を使う感覚をつかむ

# 階段を使って殿筋を使う感覚をつかむ

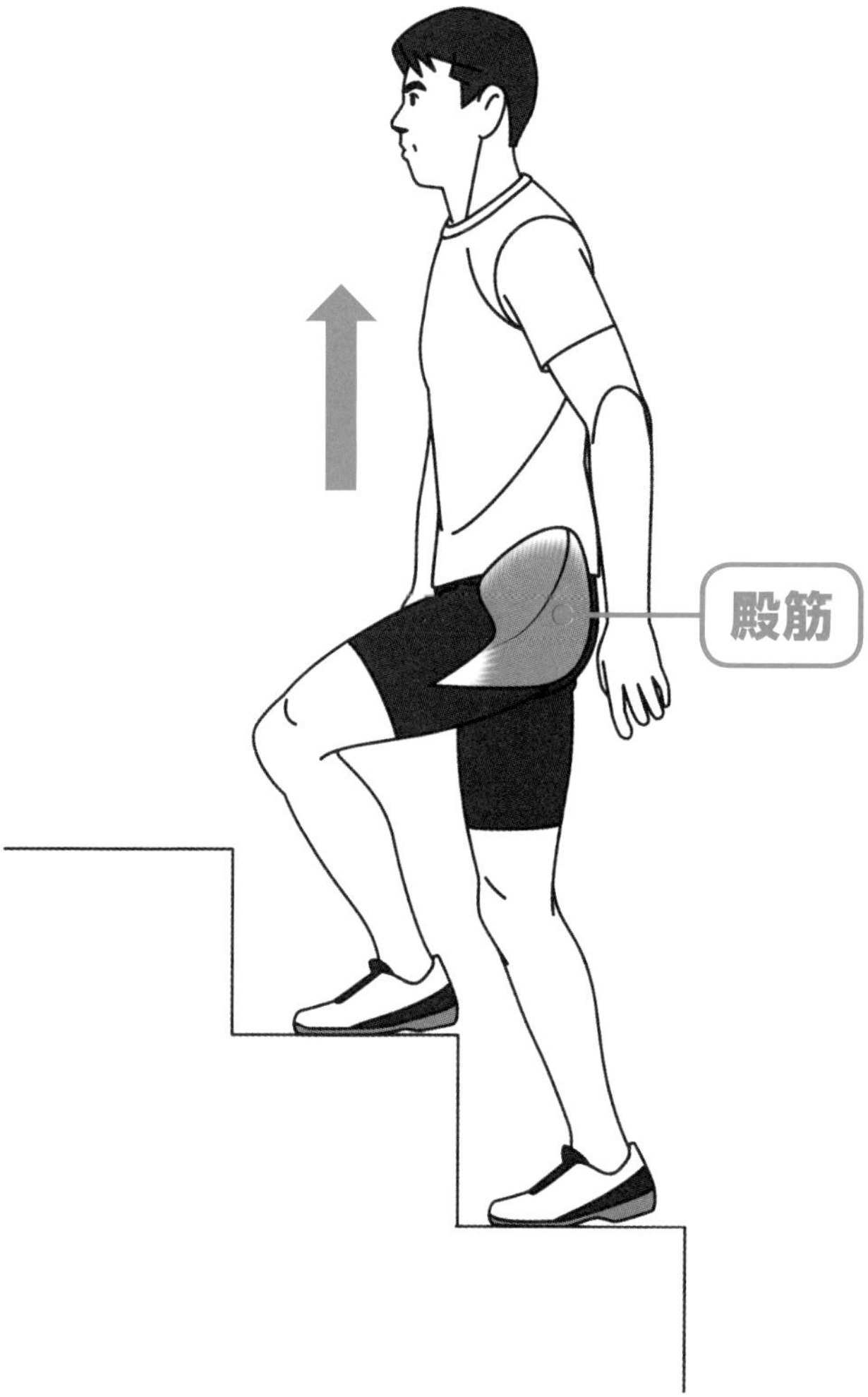


階段を上るときには、殿筋を意識することができる

**アドバイス** 殿筋など、体幹に近い大きな筋肉は意識しにくいので、鍛える以前に「使う感覚を知る」ことが大切です。

# みぞおちの下に空間を作る

## ◎上死点を通過するために

佐々木さんのフォームは、比較的前傾が大きい。上半身を利用するためだという。

「上半身の力も使うためにハンドルを少し遠くしているので、上体はわりと前傾していますね。体幹もしっかりさせ、安定するように意識しています」

平地ほど速度が速くないヒルクライムでは上体を低くする必要はないという意見も多いが、佐々木さんのように、空力以外の理由で前傾姿勢をとるクライマーも少なくない。

「ただ、あまり上体を倒しすぎるのもよくないんです。ペダリングがスムーズじゃなくなるリスクがありますから」

佐々木さんによると、上体を倒しすぎると体と腿との角度が小さくなるため、ペダリングで上死点を通過するときに窮屈になってしまうという。

しかし体を起こしたくはない。

そこで佐々木さんは、上体の角度を維持したままペダリングをスムーズにするため、ある工夫をした。

## ◎みぞおちで体を曲げる

「骨盤は完全に前に倒さず、わずかに余裕を残しておいて、**みぞおちでもう一段階前に倒すように**しています」

このように、みぞおちでもう一段階体を曲げることで、みぞおちの下にペダリングのための空間を確保できる。すると、ペダリングの上死点通過がスムーズになるというわけだ。

「誤解しないでほしいのは、決して『骨盤を立てた』フォームではないということです。骨盤はしっかりと寝ています」。

上体を完全には倒さずに、みぞおちでもう一段階曲げる余地を残しておくということだ。

**ポイント**

- ◎ ヒルクライムだから上体を起こすとは限らない
- ◎ みぞおちで体を曲げ、ペダリングのための「空間」を作る

# みぞおちを曲げて空間を作る

上体を倒すと股関節の角度が窮屈になり、上死点通過がスムーズにいかない。そこで、みぞおちを曲げて空間を作る

**アドバイス** サドルに尾てい骨が当たらないくらいには大きく前傾しています。ただ、ほんの少し余裕を残すことでペダリングが改善するということです。

# 勾配の変化から脚を守る

「勾配が緩くなったり平坦な道が出てきたりしたら、すぐに加速しなければいけませんよね。でもそれが上手くいかず、いつも脚がパンパンになってしまっていたんです。スキルの重要性に気づくきっかけでした」

また、逆に急勾配が現れたら減速を強いられる。ここでもダンシングで乗り切るなどのスキルが必要になる。

「今のホビーヒルクライム界は、上位陣は皆フィジカルは強いので、スキルで差をつけるしかないんです。僕よりもパワーウェイトレシオが大きい人はたくさんいます。だからこそ、スキルで差をつけないといけません」

勾配の変化への対応などの「走り方」は、ペダリングなどの体の使い方と並ぶ重要なスキルだ。フィジカルが同じでも、走り方によってタイムは大きく変わる。

## ◎ スキルの差が大きく出る

トレーニングをはじめてからは順調に伸びていった佐々木さんだが、すぐには成績に結びつかなかった。

「それはスキルが足りなかったから。とくに勾配の変化、なかでも勾配が緩くなるところが苦手だったんです」

勾配の変化はスキルの差が大きく出るポイントだ。勾配に合わせて走り方を変えなければいけない。

## ◎ 加速と減速を繰り返す

勾配が緩い場所が現れたら、加速してタイムを短縮するチャンスだ。脚にダメージが蓄積されている状態で加速するのは簡単ではないが、ここでもたつくクライマーとすばやく加速できるクライマーとでは大きな差がついてしまう。

### ポイント

◉ 勾配の変化に合わせて走り方を変える
◉ 勾配が緩んだら、すかさず加速する

# 勾配に合わせて走る

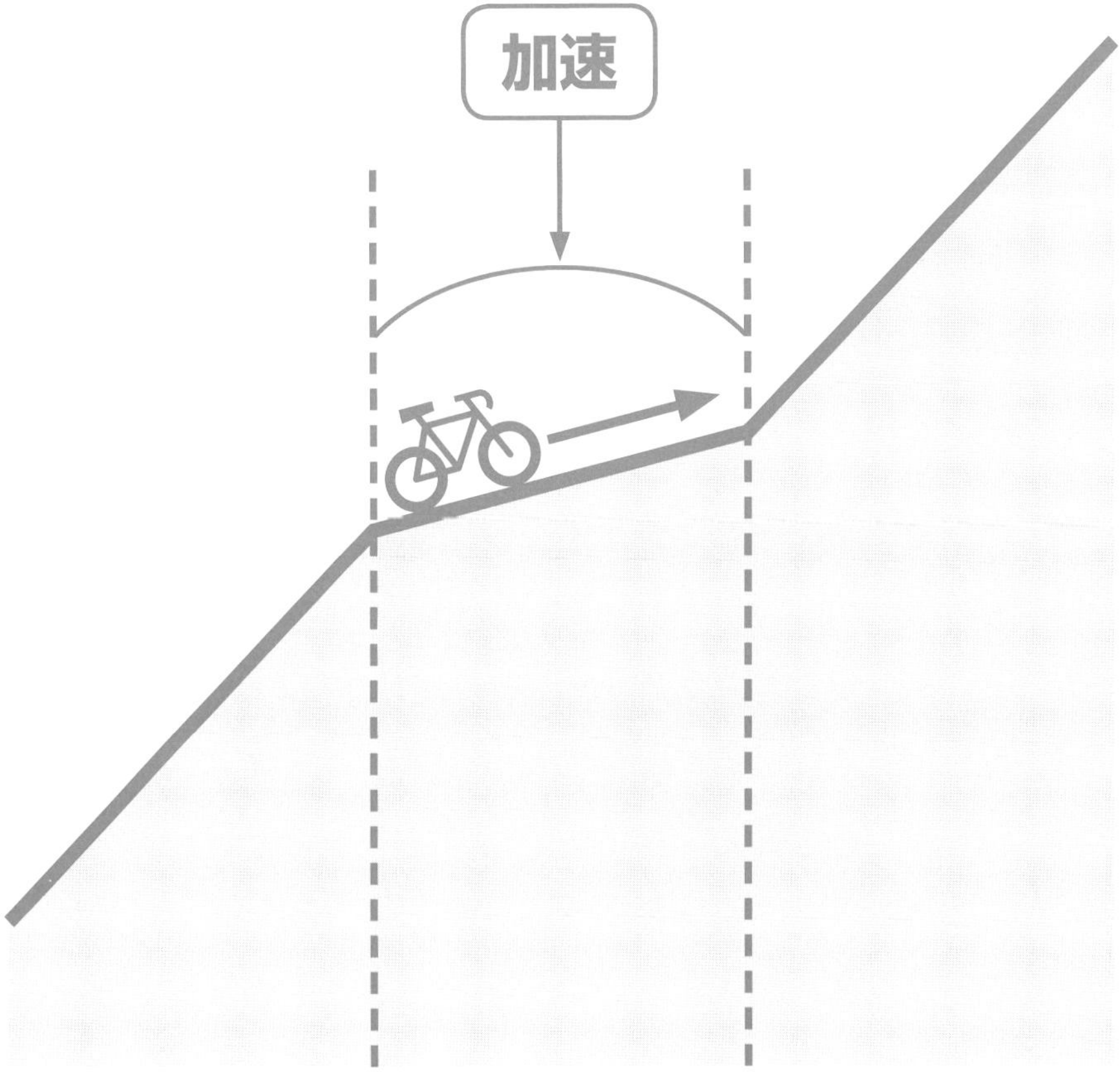


勾配がきつくなったら減速、緩んだら加速と勾配に合わせてスピードを変えなければいけない

アドバイス　これからご紹介するさまざまなスキルが、勾配の変化に対応して走るために役立ちました。

# 休むためのダンシング

## ◎ 2つのダンシング

ヒルクライムでは、ダンシングもとても重要なテクニックだ。

ダンシングでは全身の体重を使ってバイクを進めるので大きなパワーを出せるし、ダンシングではシッティングとは違う筋肉を使うため、シッティングに使う筋肉を休めることができる。

「僕はダンシングも多用します。3割くらいの時間はダンシングをしているのではないでしょうか。ただ、ダンシングには大きく分けて2つあります」

ひとつは、リラックスした「休むためのダンシング」だ。シッティングのための筋肉に負担が溜まってきたと感じたら、定期的にダンシングをし、回復したら再びシッティングに戻る。

## ◎ 重めのギアをかける

ダンシングでのポイントは、体重を無駄なくペダルにかけること。そのためにはハンドルに荷重せず、うまく重心の位置を調整しなければいけない。

だがペダリングに伴って動くバイクの上で重心を保つことは簡単ではない。そこで佐々木さんは、重めのギアをかけて低めのケイデンスでダンシングをすることを勧める。

「ケイデンスは60くらいでしょうか。60以下になることはありませんが、このくらい低いほうがしっかりと体重をペダルにかけられるんです」

下死点まで踏み切らずに4時くらいで踏み止めることもポイントだが、やはりケイデンスが低いほうが意識しやすい。

**ポイント**

- 定期的にダンシングで筋肉を休める
- 重めのギアでケイデンスを下げると体重をペダルに乗せやすい

# ギアは重めでダンシング

重心をBBの上に持ってくることや、下死点案で踏み切らないなどのダンシングのポイントは、ケイデンスが低いほうが意識しやすい

**アドバイス** ハイケイデンスにはハイケイデンスなりのメリットがあるとは思いますが、まずは低いケイデンスから始めたほうがよさそうです。

# 脚にこないシフトアップ

## ◎シフトアップは慎重に

休むダンシングではないもうひとつのダンシングは、ギアチェンジの際に使う。ヒルクライムでは、脚に負担をかけずにギアチェンジをするテクニックが必要だからだ。

「勾配が緩くなったら、加速するためにシフトアップが必要になりますが、実はここに落とし穴があります。**いきなりシフトアップするとペダルが急に重くなり、脚にダメージを与えるんです**」

そこで佐々木さんは基本的な加速の方法として、**まずはケイデンスを上げて加速し、その次にシフトアップすることを勧める。**

「こうすると脚に負担をかけずに加速できます。ただ、脚の代わりに心肺に負担がかかるので、呼吸がいっぱいいっぱいの状態ではやはり避けたいですね」

脚も心肺も限界の状態でできるだけ負担をかけずに加速したい。そんなときにダンシングが役に立つという。

## ◎体重を使ってシフトアップ

脚も心肺も限界に近い状態で勾配が緩んだときは、**ダンシングをして加速し、その状態でシフトアップするのだ。**

「こうすればシッティングで使う脚や心肺を温存したままシフトアップできます。レースでもタイムアタックでも大きな差がつきますよ」

勾配の変化に合わせて無駄なく加速できるかどうかは、ヒルクライムのパフォーマンスを大きく左右する。シフトアップの方法も、脚の状態にあわせていくつか選べると有利になりそうだ。

**ポイント**

- ◉ 加速してからシフトアップすると脚へのダメージが少ない
- ◉ 心肺に余裕がない状態なら、ダンシングで加速してからシフトアップする

# ダンシングで加速してからシフトアップ

勾配が緩んだらすかさず加速するのがポイント。脚にダメージを与えずに加速するためには、ダンシングで加速した後にシフトアップするとよい

**アドバイス** 勾配の変化を見逃さずに加速することと、できるだけ脚にダメージを与えずにギアチェンジすることは、細かいスキルですが大きな差を生みます。

# トルクを無駄にしないシフトダウン

## ◎ トルクが抜けると減速する

脚に負担をかけないシフトアップを見てきたが、シフトダウンにも「罠」があると佐々木さんはいう。

「多いのが、何も考えずにいきなりシフトダウンして減速してしまう人です。**急にギアが軽くなるので、ペダルにかかるトルクが抜けてしまうんですね。**これは無駄な減速です。集団で上っているときにトルクが抜けると、後ろの人がはすって落車してしまう恐れもあります」

トルクをかけたまま滑らかに減速するには、十分にケイデンスが下がるのを待ってからシフトダウンするとよい。

「シフトダウンするときは、ケイデンスが50～60くらいまで下がるのを確認してからシフトダウンしています。こうすればトルクの抜けを防げますし、急にケイデンスが上がって脚にくることもありません」

ヒルクライム中には頻繁にギアチェンジが必要になる。細かな変速スキルの差が、大きな違いになって現れるはずだ。

フロントをアウターからインナーに落とす際はギア比の落差が大きいため、とくに注意が必要だ。

「フロントをアウターからインナーに変えるときには、まずリアを3段くらいシフトアップし、ケイデンスを下げてからにしてください」

ただし、佐々木さんはできるだけアウターで上るようにしている。アウターのほうがチェーンの曲率（曲がり）が小さいため、走行抵抗が少ないからだ。

アウター×ローだとチェーンラインが曲がるが、抵抗増加を抑えるためビッグプーリーを導入している。その効果は大きいという。

**ポイント**

- ◉ いきなりシフトダウンするとトルクが抜けて無駄に減速する
- ◉ 十分にケイデンスが落ちてからシフトダウンする

# ビッグプーリーの効果はアウター×ローで発揮される

アウターのほうがインナーよりも抵抗が小さいが、チェーンラインが斜めになると抵抗が増す。だがビッグプーリーがあればアウター×ローでも抵抗があまり増えない

**アドバイス** できるだけアウターで上ったほうがいいのは間違いありません。そのためには、歯数の大きなスプロケットやビッグプーリーが必要です。

# ペース配分は中盤がポイント

## ◎尻上がりにすべき理由とは?

ヒルクライムでは、ペース配分もパフォーマンスを大きく左右する。ペース配分を間違えてしまうと大幅に失速してしまうからだ。

走り方の基本は、序盤は抑えて走り、徐々に「尻上がり」にペースを上げることだと言われている。

「尻上がりが推奨されるのは、メンタルの問題もあるのではないでしょうか。苦しくなってくる後半にタレると、遅くなっているのが自分でもわかるから気持ちも落ちますが、加速している実感があればがんばれます」

ただし、抑えすぎると遅くなってしまう。抑えすぎず、かつ上げすぎないペースで走るのは簡単ではない。

「まず序盤ですが、ひとりごとを話せるくらいに抑えること。気持ちがはやるので難しいのですが、後々響いてきます」

次に中盤だが、もっとも走るのが難しいのは中盤だと佐々木さんは言う。

「中盤は難しいです。序盤よりはペースを上げないといけませんが、上げすぎてもいけない。微調整が必要です」

佐々木さんは、フォームが維持できているかどうかを目安にするという。フォームが崩れてしまいそうなら、ペースを上げすぎているということだ。

「肩に力が入り、ブラケットを握りしめていたら、ペースを上げすぎです。そうなる前に少しだけペースを緩めてください」

もっとも苦しい終盤だが、もっとも「簡単」な局面だと佐々木さんはいう。

「がんばるだけですから(笑)。ただ、この時点で脚と気持ちに余裕があると力を出し切れるんです。だから、余裕を残して序盤と中盤を終えることが大切ですね」

**ポイント**

◉ 徐々にペースを上げる「尻上がり」で走る
◉ もっとも難しいのが中盤。終盤は苦しいが簡単

# TTでは序盤は抑え、中盤では上げすぎない

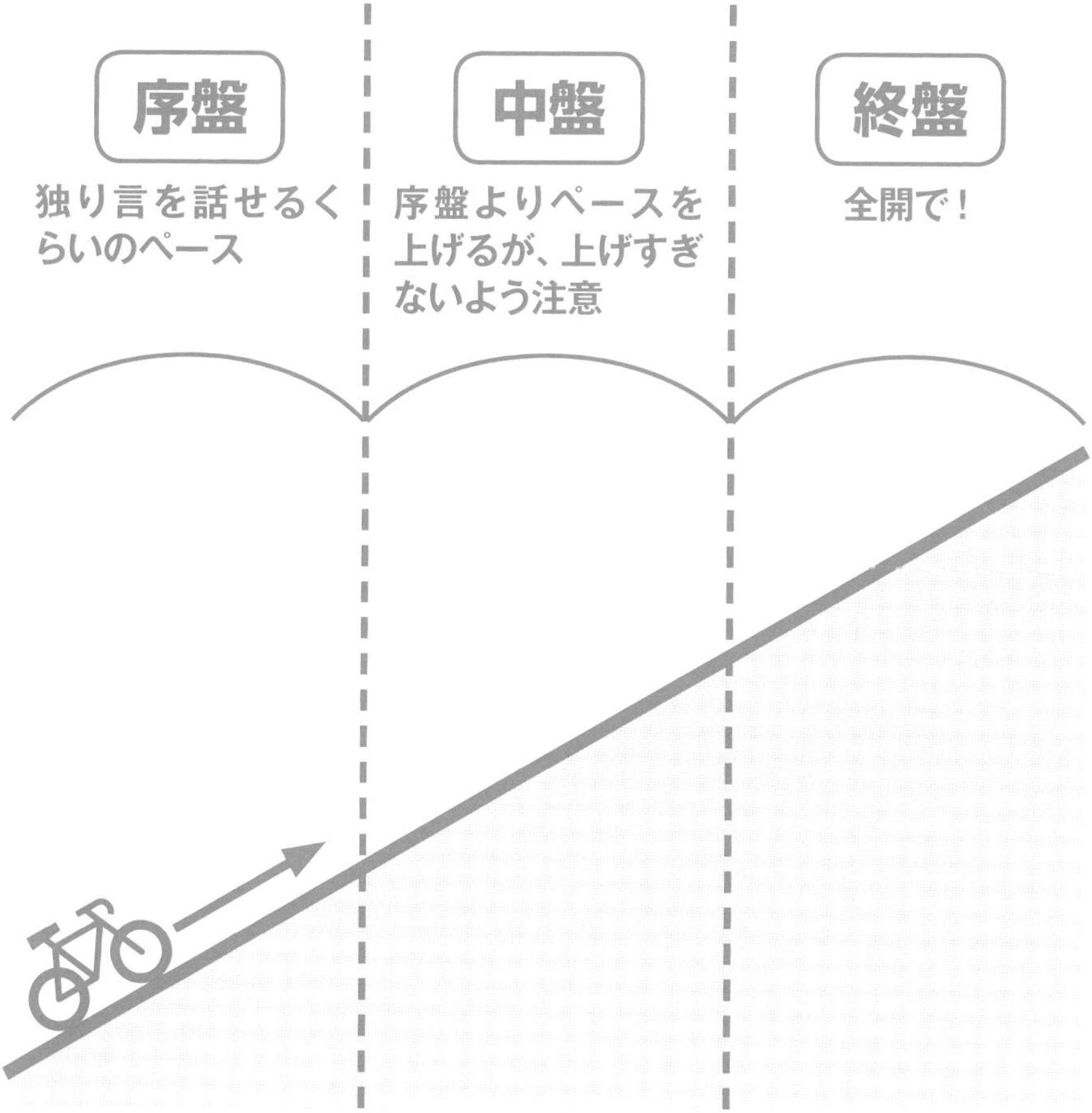
序盤
独り言を話せるくらいのペース
中盤
序盤よりペースを上げるが、上げすぎないよう注意
終盤
全開で!

序盤は抑えて入り、徐々にペースを上げていく。もっとも難しいのが、ペースを上げつつも上げすぎてはいけない中盤。フォームを意識してオーバーペースを防ごう

**アドバイス** ヒルクライムのペース配分は、ロードレースのペース配分に比べたら簡単です。ですから、ロードレースのいい練習になりますよ。

# トルクとウィップの関係

## ◎ヒルクライムでもディスクブレーキ

2019年のMt.富士ヒルクライムを勝った時点ではリムブレーキのターマック(スペシャライズド)に乗っていた佐々木さんだが、その後はディスクブレーキのターマックに乗り換えた。なお、ロードレースではやはりディスクブレーキを採用したVenge(スペシャライズド)に乗っている。

重量面でリムブレーキモデルよりも不利であるディスクブレーキを選んだのはなぜだろうか?

「ディスクブレーキモデルは安定感があって、特にダンシングをしたときにたわみを感じないからです。だから路面が悪くても暴れず、パワーの伝達効率が高いですね。レース時の状態で7.1kgと、重量増も気になるほどではありません」

ディスクブレーキ化が進むロードバイクだが、重量増加を気にするクライマーは多い。だが、ヒルクライムレースでもディスクブレーキが当たり前になる世界が来ているのかもしれない。

## ◎ウィップと惰性が欲しい

佐々木さんが機材選びで大切にしているのが「ウィップ(しなり)」だ。

「トルク重視のペダリングをするせいか、ウィップがあったほうが進むんです。ヒルクライムでは平地以上にトルク重視になりますから、なおさらウィップは必要です」

したがって、フレームもホイールも硬すぎるものは避けているという。ヒルクライム用のホイールを、重くなるにも関わらずチューブラーのCLX32(ROVAL)からクリンチャーのCLX32に変えたのも、チューブラーが硬すぎたためだ。

**ポイント**

- ◉ ディスクブレーキはヒルクライムにもメリットがある
- ◉ トルク重視のペダリングならウィップが必要

# ウィップで進ませる

トルク重視のペダリングには、ウィップのあるフレームが合う

**アドバイス** いろいろなホイールを使ってきましたが、軽いだけのホイールは慣性があまり働かないので、ケイデンスが低めの僕のペダリングには合いませんでした。重量がすべてではありません。

# 佐々木遼さんのトレーニング

### ◎中強度から高強度へ

佐々木さんのトレーニングプランは、強度を意識した戦略的なものだ。

まず、冬場はロングライドでベースを作る。ロングライドといっても、LSDよりも高い強度で160㎞ほどを走り切る、かなりハードなものだ。「これは非常にきついトレーニングです。終わるとふらふらになりますよ」

中強度のロングライドでベースを作ったら次は高強度を鍛える。春から近場の山で行う、10分走がそれだ。3セット行うことが多いという。この10分走は通常のヒルクライムよりも強度は高い。

そしてその後、ようやくヒルクライムのトレーニングに本腰を入れる。つまり中強度→高強度→ヒルクライムと、ヒルクライムの上と下の強度をしっかりカバーしてからヒルクライムに移るということだ。バランスのいいトレーニングプランだと言える。

### ◎王道の一週間

週単位でみると、平日はローラー台と実走で比較的高強度のメニューを行い、週末はロングライドで乗り込むという、やはり王道と言うべきか、バランスのいいトレーニングをしている。また、殿筋を鍛える「ヒップスラスト」という筋トレも自宅で行っているという。

バランスのとれたトレーニング結果が、ヒルクライムだけではなくロードレースでも戦える佐々木さんを作り上げているのかもしれない。

現在は「ややロードレース寄り」のトレーニングをしているという佐々木さんだが、ヒルクライムでも暴れてくれるはずだ。

**ポイント**

- ◎ 中強度から高強度までをカバーしてからヒルクライムのトレーニングへ移る
- ◎ 平日はローラー台で高強度、週末はロングライド

## 佐々木遼さんの一週間

| | |
|---|---|
| 月曜日 | 休息日 |
| 火曜日 | 夜に固定ローラー台でインターバル |
| 水曜日 | 夜に実走。10分の峠を3本。<br>65㎞ほど |
| 木曜日 | ローラー台でインターバル |
| 金曜日 | 休息日 |
| 土曜日 | ロングライド。150㎞～200㎞ほど |
| 日曜日 | ヒルクライムの練習なら<br>100㎞～130㎞ほど |

**アドバイス** まずはヒルクライムで想定される強度の下を鍛え、次にヒルクライムの強度の上を鍛え、最後にヒルクライムに着手することで強さに厚みが出ます。

## Column ❷

# ヒルクライマー？
# ロードレーサー？

佐々木さんも、中村さんや森本さんと同じように、ロードレースとヒルクライムを掛け持ちしている。

2019年には、近年ツール・ド・おきなわに次ぐレベルで注目を集めている北海道のレース「ニセコクラシック」でよい走りを見せられていたが、終盤に落車に巻き込まれてしまった。しかし佐々木さんは実業団レースでも好成績を多く残している。2020年には今まで走ったことがなかったツール・ド・おきなわにも挑む予定だ。

佐々木さんは、フィジカルの力と成績との関係が強いヒルクライムは、ロードレースよりも「簡単」だと考えている。フィジカルの力と成績との関係が強いため、トレーニングを続けられさえすれば好成績が見込めるからだ。

だがロードレースは戦略やテクニックが問われるからそうはいかない。佐々木さんのツール・ド・おきなわへの挑戦はどうなるのだろうか。

file 03

# 加藤大貴さん

DAIKI KATO

**主要獲得タイトル**

2018　ツール・ド・美ヶ原／優勝
2019　FUJI-ZONCOLANヒルクライムレース／優勝
　　　ツール・ド・美ヶ原／優勝
　　　マウンテンサイクリングin乗鞍／4位

# ローラー台よりも実走が楽しい

## ◎ローラー台は持っていない

2018年にツール・ド・美ヶ原を制した加藤大貴さん。2019年には赤城山ヒルクライムで勝っただけではなく、富士あざみラインを上る「FUJI-ZONCOLANヒルクライムレース」では中村俊介・森本誠の両氏を下し、日本人コースレコードで優勝。一気にトップクライマーとなった。

このときのあざみラインのタイムは、ヨーロッパでも走った元プロ・西薗良太選手のものを上回る驚異的なものだ。

「自転車に乗りはじめたのは大学生時代ですが、レースに出場しはじめたのは2015年だったかな？　成績が出はじめたのは2018年くらいからですね」

あっという間に結果を出しはじめた加藤さんだが、意外なことに、ローラー台やパワーメーターといったトレーニング機器とは縁がないという。

「流行りの『ズイフト』もやったことがないですね。そもそも、今乗っているディスクブレーキのロードバイクに使えるローラー台がありません。パワーメーターも持ってないんです。苦しいことが嫌いな僕ですが、外でのロングライドで強くなれたんです。今も週末は300㎞ほど走りますよ」

加藤さんによると、実走での練習は屋内練習よりも得られるものが多いという。

「ペダリングスキルが手に入るのが大きいですね。時間が長いですし、上りや平地などいろいろなシチュエーションが現れますから、ペダリングを洗練させやすいんです」

そんな加藤さんの武器が、高回転のペダリングだ。ヒルクライムでは珍しく、常に100回転近いケイデンスで上るという。

**ポイント**

- ◎ ロングライドでヒルクライムが速くなった
- ◎ 実走でのトレーニングは、ペダリングスキルなどの向上が期待できる

# ハイケイデンスを武器に

ハイケイデンスでの安定したシッティングが加藤さんの武器だ

**アドバイス** トレーニングは、楽しめてこそトレーニングだと思っていますし、外を走ったほうが得るものが多いと感じてもいます。

# 高ケイデンスで上る理由

## ◎パワーメーターの浸透

「どこを走っても、他の人に『異常にケイデンスが高いな』と言われますね」

と笑う加藤さんは、どの峠でも90後半という極めて高いケイデンスを維持して上る。低いケイデンスで走ることが多いヒルクライマーとしては例外的だ。

「ケイデンスが高いことの利点は、なんといっても脚への負担が小さいことです。だから斜度が厳しくなればなるほど有利ですね。ライバルが失速する激坂でもケイデンスを維持して上れます。榛名山も美ヶ原も、激坂で抜け出して優勝しました」

ケイデンスが高いほうが脚への負担が小さいことはよく知られている。だが、ハイケイデンスを維持することは難しい。上りならなおさらだ。

## ◎ロングライドでスキルアップ

加藤さんは、たぐいまれなペダリングスキルをどのようにして手に入れたのだろうか？

「ロングライドです。いろいろなシチュエーションを長距離走ったら、自然とペダリングスキルが身についたんです。もしローラー台のトレーニングだけだったら今の成績はないでしょう」

一般に、ヒルクライムのトレーニングは短時間・高強度が効果的だとされる。屋内トレーニングも多い。加藤さんのトレーニングとは正反対だ。

「たしかにそういう人が多いようですが、高強度トレーニングや峠のTTばかりやっていると、どうしても『踏む』ペダリングになりやすいと聞いたことがあります」

しかし、長時間トレーニングの時間を確保することは難しい。効率的なペダリングのポイントはどこにあるのだろうか？

**ポイント**

- ◎ ケイデンスが高いと脚への負担が減る
- ◎ 高強度トレーニングでは非効率的なペダリングが身についてしまう

# 武器としてのペダリングスキル

ペダリングスキルが高い加藤さんは、激坂を得意とする。マウンテンサイクリングin乗鞍2019にて

**アドバイス** 峠で追い込んだりタイムアタックばかりをしていると、効率的なペダリングスキルを身につけられないリスクがあります。

# 後ろ乗りでサドルを下げる

## ◎引いて下げれば自然にペダルが回る

加藤さんのフォームで真っ先に目を引くのは、「ヒルクライマーらしからぬ」ポジショニング。サドルを引いた「後ろ乗り」なのだ。サドルの位置も低い。

「**後ろ乗りで、かつサドルは低いです。よく股下×0.85が適正サドル高だといいますが、それよりもずっと低いです**」

一般に、ヒルクライムではサドルを高く、かつ前に出した「前乗り」が有利だとされている。パワーが出しやすいからだ。しかし、加藤さんのポジショニングはそのセオリーとは正反対を行く。

さらに加藤さんの場合、クリート位置にも特徴がある。

「**クリートは一番後ろまで下げて（深くして）います。**前にするとふくらはぎに負担がかかるんです。深くするとケイデンスを上げにくいと聞きますが、そんなことはないですね」

低く、後ろ乗りで、クリート位置は深め。このポジショニングが加藤さんの武器であるハイケイデンスのヒルクライムにつながっているという。

「他のポジショニングも試しましたが、このポジションだと自然とケイデンスが上がるんですよ」

さらにヒルクライムの最中は足首を脱力させるため、アンクリングをしているともいう。

「なぜアンクリングがいけないのかわかりません。足首を脱力させたほうが自然にペダルを回せますよ」

あらゆる点がセオリーから外れているが、加藤さんにとってはこれが自然なポジションだという。試してみる価値はありそうだ。

**ポイント**

- ◉ サドルは下げて、低くする
- ◉ クリートは深くして、足首を脱力させる

# 低く、引いたポジション

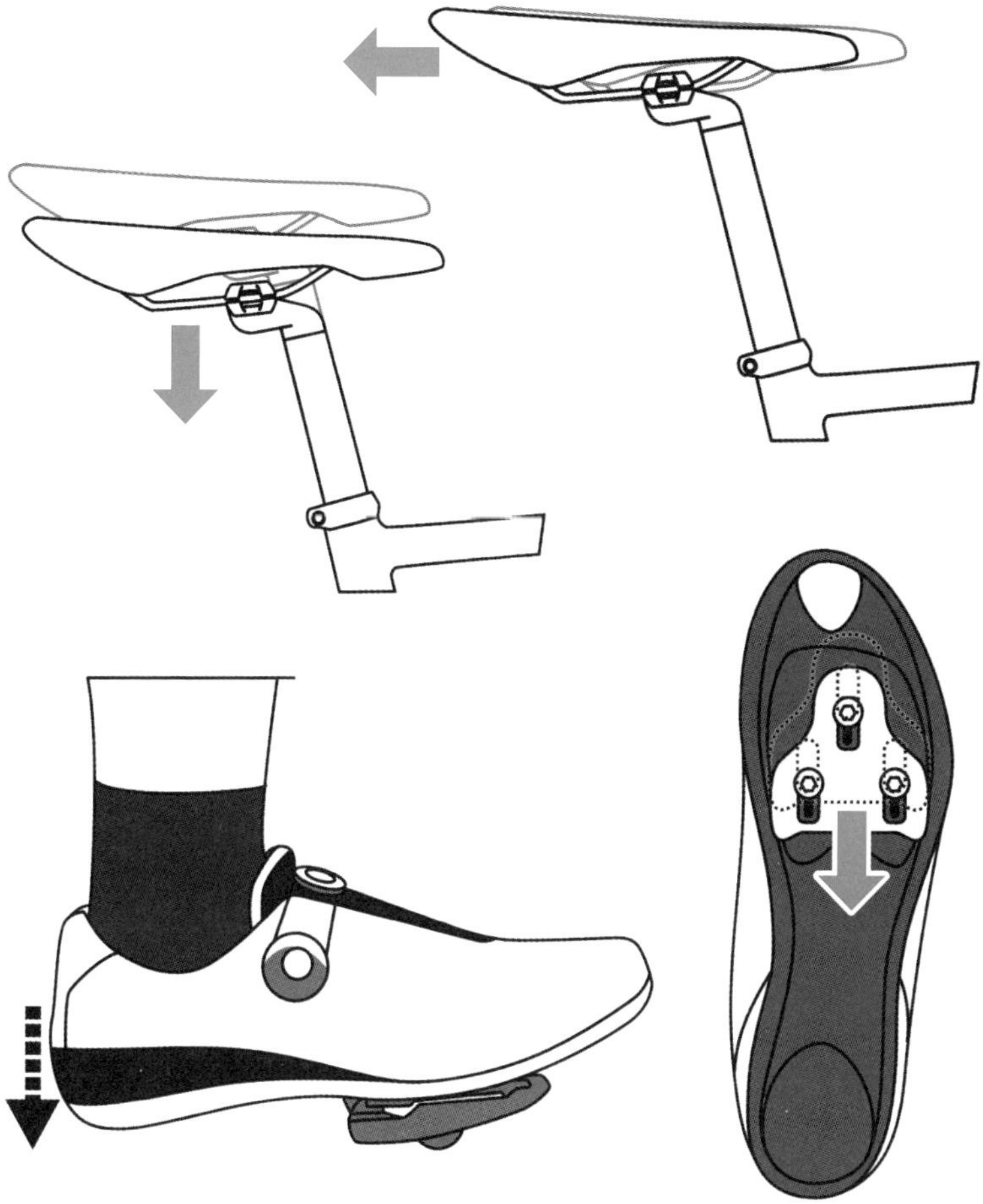

サドルを下げ、後ろに引くとハイケイデンスで脚への負担が低いペダリングがしやすい。クリートは深くする

**アドバイス** ケイデンスを上げると心肺に負担がかかると言いますが、そんなことはありません。このポジションのおかげかもしれませんね。

# ステムを伸ばして腹圧を使う

## ◎前傾すると体幹が使える

加藤さんのフォームには、前傾が深いという特徴もある。ステムが長いからだ。

「前は100㎜とか110㎜だったステムですが、今は130㎜を使っています。『ハンドルが遠くて苦しいかな』と思ったら全然そんなことはなく、むしろペダルが回しやすくなったんです」

加藤さんはサドルを引いているだけではなく、ハンドルの位置も遠い。つまりサドルとハンドルの位置が通常のクライマーよりも離れているということだ。

「こうすると上半身の筋肉をうまく使える気がするんです。ステムが短かったころは若干窮屈な感じがしたんですが、それが無くなり、のびのびと上半身を使えるイメージです。腿の裏のハムストリングが使えるようになり、ケイデンスを上げても脚がパンパンにならなくなりました」

低速で上るヒルクライムでは上体を倒して空気抵抗を減らす意味は小さいが、前傾姿勢には空力以外の効果もありそうだ。

## ◎腹圧を意識する

前傾すると呼吸が楽になるというメリットもあるという。

「前傾すると腹圧（お腹の圧力）が意識しやすくなるため、息を深く吐きだせる気がするんです。だから、呼吸が楽になります。腹圧を意識して息を吐くのがコツですよ」

前傾姿勢を深くすると、上体やハムストリングが使いやすくなるだけではなく、呼吸も楽になるということだ。

**ポイント**

- ◎ステムを伸ばして前傾を深くするとハムストリングが使いやすくなる
- ◎前傾を深くすると腹圧を意識できるので呼吸が深くなる

# サドルとハンドルを離す

サドルを下げ、ステムを長くすると前傾が深くなり、腹圧を使いやすくなる

**アドバイス** ハンドルーサドルが遠く、サドルが低い僕のポジションは、脚が回しやすいポジショニングなのだと思います。

# ハムストリングを使えることの意味

## ◎疲れにくいハムストリング

加藤さんは、加藤さんのフォームとポジションの最大の利点は、腿の後ろの「ハムストリング」を使えることだと考えている。

腿の前の大腿四頭筋は誰でも使えるが、ハムストリングは意識しないと使えないと言われている。

「**後ろ乗りにしているのはハムストリングを使いやすいからです**。前乗りだと大腿四頭筋が使えるんですが、すぐに疲れてしまいます。僕の場合はハムストリングを主に使っていますから、180㎞くらい走っても脚の疲労はあまりありませんね」

大腿四頭筋はハイパワーを出せるが、短時間しか持たないと言われている。一方のハムストリングは、出せるパワーこそ大きくはないが、長時間パワーを出し続けることができる。

「終盤に脚を残しておけるので、ヒルクライムでもハムストリングは重要です。サドルが高く、前乗りしたポジションはたしかに前の筋肉は使いやすいのですが、長くは持たない気がしますね」

## ◎高ケイデンスで負荷を分散させる

ハムストリングを使えることはヒルクライムでも強みになるが、ヒルクライムなどの短時間・高強度のシチュエーションには向かないとも言われている。

だが加藤さんは、高ケイデンスにすることでハムストリングをうまくヒルクライムに使っていると考えている。

「**ケイデンスを高くすると筋肉への負担は減らせますから、ハムストリングをメインにしても大丈夫です**」

加藤さんのハイケイデンスは、ハムストリングを使ってヒルクライムをするための戦術なのだ。

**ポイント**

- ◉ 前側の大腿四頭筋は使いやすいが裏のハムストリングは使いにくい
- ◉ ハムストリングを使えるとヒルクライムでも武器になる

# ハムストリングを使って上る

腿の裏のハムストリングは、長時間パワーを発揮することができる

アドバイス サドルを引き、ケイデンスを上げてハムストリングを主に使うペダリングは、ヒルクライムでも有効です。

# ダンシングをするべきか？

## ◎TTならシッティングだけでOK

ヒルクライムの主要スキルであるダンシングだが、加藤さんはあまり使わない。

「脚が疲れるので、ダンシングはあまりしません。ただ、森本さんや中村さんなどロードレースが強い人たちはダンシングを使いますね。ロードレースではアタックに対処するためにダンシングが必要になるからでしょう」

ヒルクライムでも、レースならばペース変化の対応などにダンシングが必要になる。だが、自分のペースで上れるタイムアタックなら、割り切ってシッティングだけで走る手もあるという。

「ダンシングができたほうが疲労が分散できるとは思いますが、TTならばシッティングだけで上ったほうが結果的には速い気がしています」

ダンシングに自信がないなら、タイム短縮を目指して走るときはシッティングに徹してもよさそうだ。

## ◎激坂ほどシッティング

また、コースプロフィールによってもダンシングの必要性は変わるという。一般的には激坂になるほどダンシングで上る人が多くなるが、加藤さんの意見は逆だ。

「(日本人コースレコードを持っている) あざみラインが典型ですが、ああいう激坂ほどシッティングのほうがいいですね。少しだけダンシングしたんですが、失速してしまいました。フロントホイールを押し付ける感覚になるので、進まないんです」

激坂こそシッティング。激坂に苦手意識がある人は参考にする価値がある。

**ポイント**

- ◎ タイムアタックならシッティングのみで走るほうが有利
- ◎ 勾配が増すほどシッティングのほうがよい

# 激坂のダンシングは失速しがち

激坂でのダンシングはフロントホイールを地面に押し付ける走りになりがちで、減速してしまう

**アドバイス** ダンシングも大切なスキルなので身につけたいのですが、タイムアタックだけならシッティングのほうが速いと思っています。

# 呼吸をペースの指標にする

◎呼吸をコントロールする

タイムアタックでのペース配分では、やはり序盤はペースを抑え、後半にかけて上げていく「尻上がり」を基本とする。

パワーメーターを使っていない加藤さんが目安にするのは、パワーではなく呼吸だ。

「息を『1回吸って2回吐く』という呼吸を、最後まで維持します。もちろん終盤のほうが苦しくはなるのですが、この呼吸のリズムを維持できるくらいのペースに抑えることがポイントですね。もしオーバーペースだと感じたら、呼吸が整うくらいまでペースを落とします」

呼吸に余裕が残る状態では追い込みが足りないと不安になりそうだが、トータルで見ると、呼吸が整ったペースを維持できたほうが速いという。

なお、加藤さんは呼吸を楽にするために、腕を外側に広げたフォームをとっている。

「よく『脇を締めろ』と聞きますが、しっくりきません。脇を広げたほうが呼吸は楽になりますよ」

低速で上るヒルクライムでは空力の占めるウェイトは小さくなるため、空力よりも呼吸を優先したフォームを選んでもいいだろう。

◎フォームにも注意を払う

加藤さんが呼吸と並んでペース配分の指標にしているのがフォームだ。

「上半身を使って無理やりにペダリングしているような状態に陥ってしまったら、やはりオーバーペースです」

自然な上半身を維持できるくらいのペースに留め、追い込むのは最後だけにしよう。

**ポイント**

◉ 呼吸のリズムが維持できていることをペース配分の目安にする
◉ 脇を締めず、少し広げて呼吸を楽にする

# 脇は締めない

脇を締めると呼吸が苦しくなる。やや腕を広げ、呼吸を楽にする

**アドバイス** 序盤から追い込むよりも、呼吸のリズムが維持できるくらいのペースで走ったほうが、トータルで見ると速いはずです。

# しなりを利用したペダリング

## ◎硬すぎてケイデンスが維持できない

加藤さんは、ある程度しなりがあるフレームを好む。硬すぎるとケイデンスを維持できないからだ。

「以前、TIMEのZXRSに乗っていた時は『ヒルクライムでTIMEは珍しいね』と色々な人に言われましたが、ああいうしなやかなフレームのほうが合うんです。一時期乗っていたキャノンデールのスーパーシックスEvoはものすごく硬くて、**ケイデンスを維持できません**でした。つまり僕は、ウィップを使ってペダリングをしているらしいんです」

そんな加藤さんは、今はヒルクライムにスペシャライズドのVengeを使っている。Vengeは主にロードレースを想定したエアロバイクだが、しなりがあるためヒルクライムでも乗りやすいからだ。

「Vengeのようなエアロフレームは横に柔らかく、しなるんです」

実際、2019年の赤城山ヒルクライムにはVengeで出場して優勝し、コースレコードも樹立した。Vengeはディスクブレーキを採用しているため、ダンシングがしやすくなったことも強みだという。

## ◎トランポリンのイメージ

加藤さんにとってのウィップは、トランポリンの上で飛ぶようなイメージだという。

「トランポリンでは反発力を活かして飛び上がりますよね。**ウィップがあるフレームも同じように、反発力をペダリングに使える感覚**なんです。逆に硬いフレームだと、コンクリートの床の上で飛ぶ感じです」

ウィップのイメージがつかみにくい人は参考にしてほしい。

**ポイント**

- ◉ 高ケイデンスを維持するにはウィップが必要
- ◉ トランポリンのイメージで反発力を活かしてペダリングする

# フレームのウィップを推進力に変える

しなりで知られるTIMEのZXRSを愛用していた

**アドバイス** しなやかなフレームのほうが合う方は、ヒルクライムバイク以外にも視野を広げたほうがいいフレームに出会えるかもしれません。

# 加藤大貴さんのトレーニング

## ◎月間走行距離は2000km以上！

加藤さんのトレーニングの特徴は、なんといってもクライマーらしからぬ走行距離だ。

「通勤も自転車で、週末もロングライドに行きますから、月間走行距離は2000kmは軽く超えていると思います。あまり雪が降らない神奈川県に住んでいるので、冬もたっぷり乗れます」

平日は、職場まで往復50kmの通勤ライド。

「車も多いので強度はあげません。帰りは行きとは違う、上りが多いルートで帰りますが、追い込んだりはしませんね。でも、ポジションやフォームの確認など、得るものはありますよ。職場は駅から遠いので、雨の日でも自転車で通勤しています」

さらに、通勤ライドとは別に、夕食後に20kmの夜練をするというから驚きだ。

「ロングライドをする週末前後の月・金は流すだけですが、火・水・木曜日は少し追い込みます」

そして週末。加藤さんは1日150km近くを走る。土日で合計300km近いということだ。

休養日をとらないとすると、月間走行距離は2600kmにもなる。この圧倒的な練習量が加藤さんのペダリングスキル、ひいてはクライマーとしての強さを支えていることは間違いないだろう。

高強度メニューや屋内練習のイメージが強いクライマーだが、距離を乗り込むこともまたひとつの正解なのかもしれない。

**ポイント**

- ◉ 平日は毎日通勤ライド。強度は上げない
- ◉ 通勤ライドとは別に、短距離だが夜練も行う

## 加藤大貴さんの一週間

| | |
|---|---|
| 月曜日 | 通勤ライド50㎞+夜錬20㎞（流し） |
| 火曜日 | 通勤ライド50㎞+夜錬20㎞（やや強度上げる） |
| 水曜日 | 通勤ライド50㎞+夜錬20㎞（やや強度上げる） |
| 木曜日 | 通勤ライド50㎞+夜錬20㎞（やや強度上げる） |
| 金曜日 | 通勤ライド50㎞+夜錬20㎞（流し） |
| 土曜日 | ロングライド。山を含む150㎞ほど。 |
| 日曜日 | ロングライド。山を含む150㎞ほど。 |

アドバイス　平日の通勤ライドはでは、今は使わなくなった前のロードバイクに乗っています。

## Column ❸

# 自転車は外で楽しむもの

神奈川県在住の加藤さんは、県内にあり全国的に有名な「ヤビツ峠」にもすぐにアクセスができる立場だが、ほとんど行くことはないという。そもそも、峠でのタイムアタックをすることはまずないからだ。

その理由は、苦しいトレーニングが好きではないから。「自転車は、外で楽しく乗るもの」というのが加藤さんの考えだ。だからローラー台でのトレーニングもしないし、パワーメーターも使っていない。代わりに距離を乗っている。

森本さんや中村さんを驚かせた加藤さんの激坂でのパフォーマンスは、ロードバイクに乗ることを楽しんでいるうちに手に入れたものだ。「苦しむもの」というイメージも強いヒルクライムだが、加藤さんのようなスタイルも検討する価値がありそうだ。

file
04

# 森本 誠さん

MAKOTO MORIMOTO

**主要獲得タイトル**

2008〜2010、2102、2014〜2017　マウンテンサイクリングin乗鞍／優勝
2018・2019　マウンテンサイクリングin乗鞍／2位
2019　ツール・ド・おきなわ市民210㎞／5位

# ヒルクライムは「簡単」だ

## ◎悩んだことがない

乗鞍ヒルクライムで前人未到の8勝を挙げるなど、10年以上にわたってヒルクライム界に君臨してきた森本さん。その強さは今も健在であるばかりか、ホビーレーサーの頂点を決めるツール・ド・おきなわ210㎞でもたびたび上位に入るなど、ロードレーサーとしても活躍している。

「まだまだやる気ですが、ヒルクライムに関してはフィジカルを上げるのは難しいですから、『別のアプローチ』を考えています」

フィジカルはすでにピークに達している森本さんは、スキル面などフィジカルとは違う部分を研ぎ澄まし、さらに強くなろうとしている。実際、スキル面の差は大きいと森本さんいう。

「フォームは人それぞれですが、**スキルがあるかどうかはひと目で分かります**。しっくりくるというかな」

だが、ここまでの森本さんはヒルクライムのスキルについて悩んだことがないともいう。

「うーん、**実はヒルクライムは簡単**というか、難しいと思ったことがないんですよ。ペダリングにしても、平地と比べると幅がないというか、悩む余地がありませんから」

上りが「簡単」なのは、重力の存在があるからだ。

「無理があるフォームだとすぐに疲れてしまうので、効率的なペダリングに行き着きやすい気がしますね。それに、ケイデンスが落ちてトルクがかかる時間が長いので、『踏みどころ』を理解しやすい。傾いているせいもあるかもしれません」

「山の神」森本さんのペダリングとは、どういうものだろうか?

**ポイント**

- ◉ ヒルクライムの体の使い方は「簡単」
- ◉ 非効率的なフォームだとすぐに疲れてしまう

# 走り続ける「山の神」

はじめて乗鞍を勝った2008年から10年以上が経ったが、未だに最強のクライマーでありつづけている

**アドバイス** **上りは、平地に比べてペダルを踏みやすく、意識することも少ない気がします。素直にバイクを進められるというんでしょうか。**

# まずは気づいて、次にモノにする

## ◎ まずは「気づき」を得る

そんな森本さんだが、最初から今のフォームを手に入れたわけではない。トレーニングを積んでいるうちに、徐々に会得していったものだという。

「最終的に効率的なペダリングに行き着いたのは、2012年くらいですかね。そのころにはしっくりくるフォームを体で理解していました。感覚的なものですが」

森本さんがヒルクライムレースに出はじめたのは2000年代の前半。およそ10年かけて今のフォームに行き着いたことになる。

「数をこなすことはスキルを手に入れる前提ですね。そのうち、**ある時にふと『こうすればいいんだ』ということに気づくはずです**」

たくさん乗っているうちに、効率のいいフォームに気づく瞬間があるという。その「気づき」は言葉では説明が難しい。まずは乗り込むことが前提になる。

## ◎ モノにするために繰り返す

気づきによってポイントを理解したら、次には効率的な体の使い方を身につけるために時間を費やさなければいけない。

「まずは気づくために時間を使い、次に、気づいたポイントをモノにするために時間を使うイメージでしょうか」

人はそうやってスキルを手に入れる。したがって、高強度のメニューばかりを行うのはまずい。

「追い込んでばかりいると、今言った気づきが得にくいという問題はあります。フォームが乱れてしまいますからね」

まずは体の使い方のポイントに気づき、次に、そのフォームを自分のものにする。そのために時間を使わなければいけない。

**ポイント**

- ◉ トレーニングを重ねるうちに気づきが手に入る
- ◉ 気づいたポイントは、繰り返すことで身につける

# 「気づき」を得るために

トレーニングを重ねるうちに、体の使い方のポイントに気づく瞬間が来る。次には、その気づきを体に覚え込ませる。

**アドバイス** 短期間でFTPなどフィジカルの力を鍛えるためには、たしかに高強度メニューは有効です。でも、そればかりでは肝心のフォームが磨かれません。

# 高ケイデンスを諦めた理由

## ◎ランス・アームストロングの衝撃

現在の森本さんは、シッティングでは80～85回転ほどのケイデンスで走る。平地よりやや低いケイデンスだ。

だが、かつてはもう少し高いケイデンスを目標にしていた。


「僕が自転車に乗りはじめた2000年代前半は、上りでの適切なケイデンスは70回転だという風潮がありました。しかし、そこに登場したのがランス・アームストロングだったわけです」

1999年から2005年にかけてツール・ド・フランスを7連覇（のちにドーピングによりはく奪）したアームストロングは、それまでにない走り方で多くの影響を残した。特に世界を驚かせたのが、高いケイデンスだ。

「アームストロングは、上りでも90回転とか100回転とか、とんでもなく高いケイデンスで走っていましたよね。しかも前乗りのポジションで。それを見た僕も真似をしてみたんです」

ところが、アームストロングのような高ケイデンスで走ることは難しかった。

## ◎ハイケイデンスは負担が大きい

「練習をしても、無理でした。そのとき思ったのは、結局、ケイデンスを上げると心肺に負担がかかるということです。なぜなら、ペダリングは脚という重量物を持ち上げる行為ですから、回数が多いほど負担が大きくなり、余計な酸素を使うためです」

そこで森本さんは、意識する内容をケイデンスから脚の筋肉に切り替えた。できるだけ多くの筋肉をペダリングに動員し、低い負担で大きなパワーを生もうとするアプローチだ。

**ポイント**

- ◎ 高ケイデンス走法で一世を風靡したアームストロング
- ◎ ケイデンスが高いほど心肺への負担は大きくなる

# ランス・アームストロング

ハイケイデンス走法で世界を驚かせたアームストロング

**アドバイス** アームストロングの真似をしようとしたのは、はじめて乗鞍に出る前でした。ただ、僕には合いませんでしたね。合うケイデンスは人それぞれだと思います。

# 「裏側」の筋肉がカギを握る

## ◎ 裏側の筋肉は使いにくい

森本さんが着目したのは、腿の裏のハムストリングなど、体の裏側の筋肉だった。

「人間は、腿の前の四頭筋など体の表側の筋肉は使いやすいけれど、裏側の筋肉は使いにくいと聞いたことがあります。ところが、その裏側の筋肉が非常に発達しているのがプロの自転車選手ですよね。一般人と比べて、ハムストリングや殿筋が異様に発達しています」

裏側の筋肉は意識しづらいため、アマチュアほど四頭筋など表側の筋肉に頼ってペダリングしてしまう。

したがって森本さんは、速くなるためには裏側の筋肉をペダリングに使えるようになる必要があると考えた。裏側の筋肉を使えるようになれば、表側の筋肉だけでペダリングするよりも多くの筋肉を使えるからだ。

## ◎ ヒルクライムが「簡単」な理由

裏側の筋肉を使う感覚を知り、意識的に鍛えなければ裏側は強くはならない。

だが森本さんがヒルクライムのペダリングを「簡単」だと考える理由も、裏側の筋肉と関係がある。

「重力によって引っ張られるせいか、ヒルクライムは平地よりも裏側の筋肉を意識しやすいんですよ。ヒルクライムの後にお尻やハムストリングが筋肉痛になった経験がある人は多いと思うのですが、平地で同じように裏側の筋肉を使うのは簡単ではありません」

低いケイデンスでペダルにトルクをかけるヒルクライムは平地よりも裏側の筋肉を使いやすい、というのが森本さんの持論だ。ならば、裏側の筋肉を寝かせておく手はない。

**ポイント**

- ◎ ハムストリングなど体の裏側の筋肉は使いにくい
- ◎ 体の裏側の筋肉を使ってペダリングする感覚をつかむ

# 「裏側」の筋肉

表側の四頭筋とは異なり、裏側にあるハムストリングや殿筋は意識しづらく、使いにくい

**アドバイス** 日常では忘れがちな裏側の筋肉は、意識して鍛えなければ強くなりません。だから「裏側を使う」ためのトレーニングも必要です。

# 裏と表でペダリングする

## ◎裏から表にバトンタッチ

ハムストリングなど裏側の筋肉を重視する森本さんだが、もちろん、四頭筋など前側の筋肉もペダリングでは使われる。

「上死点を過ぎたあたり、つまり12時～2時くらいは主にハムストリングを使ってペダルを回す感覚ですが、ペダルが下死点に近づくにつれ、徐々に表側の筋肉にバトンタッチする感じですね」

実際、表側の大腿四頭筋は「踏む」力を生み出す筋肉であるともいわれているため、ペダルを踏み下ろす2時以降では大腿四頭筋がメインになっている可能性が高い。

ペダリングは、複数の筋肉が連動する運動なのだ。その意味でも、ペダリングでは、森本さんが言うように表側の筋肉と裏側の筋肉の両方を使うことが重要だ。

## ◎SFRで裏側の筋肉を意識する

坂を40～50回転ほどの極端な低ケイデンスで上るトレーニングメニュー「SFR」は筋力アップを狙ったトレーニングだと思われている。

だが森本さんは、SFRはペダリングスキルの向上にも効果があると考えている。

「ペダリングへの意識、とくに忘れがちな裏側の筋肉を使う意識をつけるにはいいトレーニングだと思うんです。ゆっくりペダルを回しますから、『今、どこの筋肉が仕事をしてるのかな』と感じることができるんですね」

筋力アップではなく、効率的なペダリングを身につける目的でSFRをするのも効果的だろう。

**ポイント**

- ◉ 使われる筋肉は裏側の筋肉から表側の筋肉に徐々に変わる
- ◉ SFRはペダリングスキルのトレーニングとしても有効

# 裏側から表側の筋肉に移行する

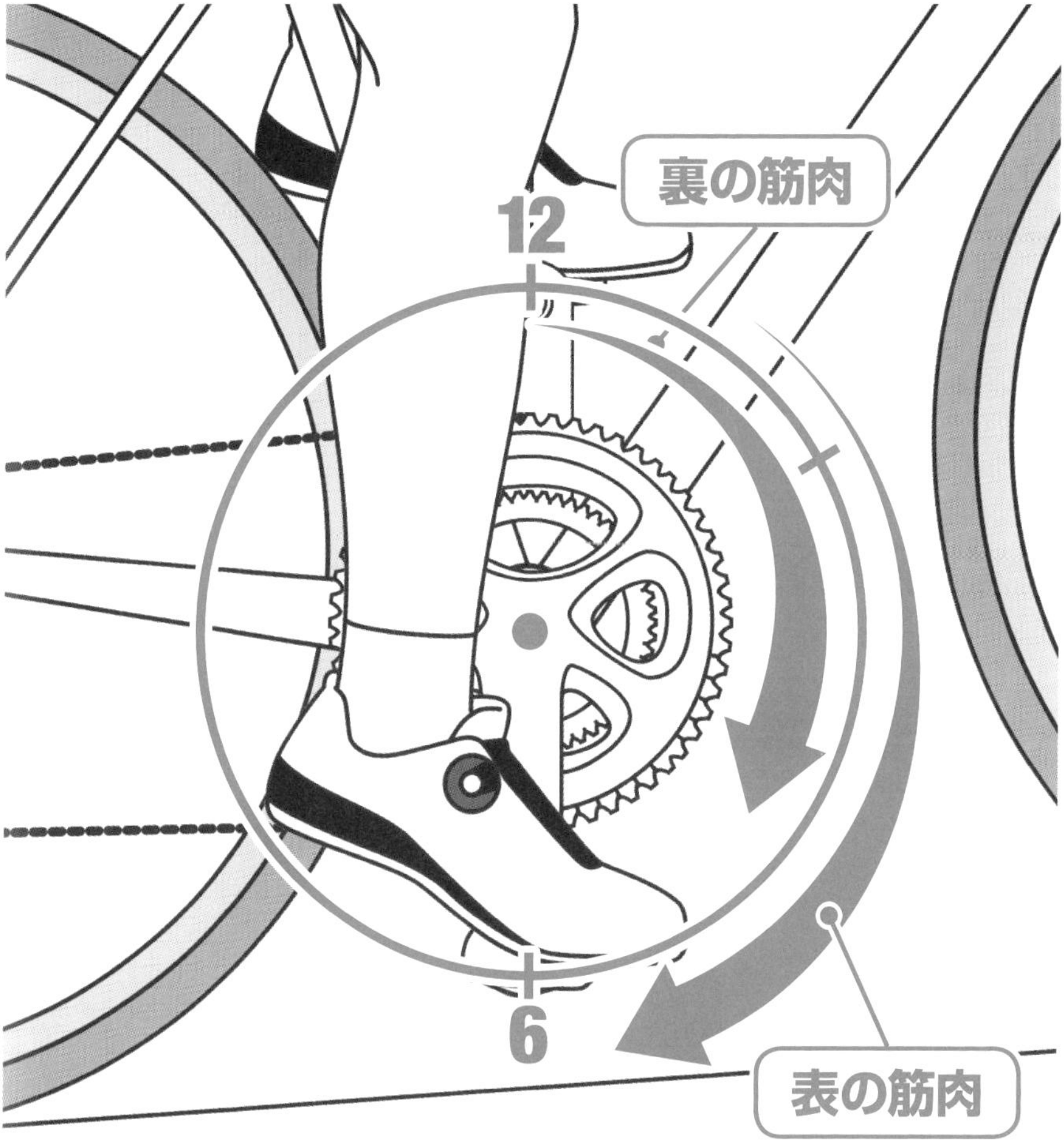


踏み始めの12時〜2時ほどは主に裏側のハムストリングが使われるが、徐々に前側の筋肉に移行する

アドバイス 僕も最初から裏側の筋肉を使えたわけではありません。意識するうちに、徐々に使えるようになっていきました。

# バウンドするボールのように上死点を通過

森本さんは、ペダリングでもっとも難しいポイントのひとつである上死点の通過についても、腿の裏側の筋肉がカギを握っていると考えている。

まずは、クライマーによって異なる「上死点通過」のイメージが大切だ。

「自分の場合、上死点で前に蹴っているイメージはないですね。イメージは、これはトライアスリートの竹谷賢二さんが言っていたのですが、『バスケットボールのバウンド』。地面からこちらに向かってきたボールの勢いを削ぎながら押し返す感覚です」

ライダーに向かってくるペダルを上死点で押し返すイメージは、たしかにバウンドするボールに近いかもしれない。

## ◎勢いを削いで押し返す

重要なのは、上死点付近で行われるペダルを押し返す動きを担っているのが裏側の筋肉だということだ。

「ペダルの勢いを削いで、押し返す。そのスムーズな動きは裏側の筋肉によるものではないかと思いますね」

裏側の筋肉は単にペダルを踏むだけではなく、ペダルの運動する方向を180度変えるという重要な役割を担っている。

さらに森本さんは、左右の脚を交互に上げ下げするペダリングでは、重心の位置が常に動いていると指摘する。

「重心の移動が大事だと思っています。脚の筋力だけではなく、プラスして重心を左右に動かすことで右、左、とペダルに体重をかけるんです。だから、上体は少し揺らしますね。ひねると言ったほうが正確かもしれません」

上体をほとんど動かさないプロもいるが、森本さんには難しいという。正解はひとつだけではないのだ。

**ポイント**

- ◉ 上死点通過は、バウンドしてくるボールを押し返すイメージで
- ◉ ペダリングに合わせて重心はわずかに左右に揺れる

# バウンドしてきたボールを押し返す

地面にバウンドしてきたボールの勢いを削ぎ、押し反すイメージで上死点を通過させる

**アドバイス** 上体をまったく動かさないプロもいますが、僕にはできませんでした。僕は多少、左右にひねるように揺れています。

# 脚を使い切ってからスキルを上げる

## ◎フレッシュではスキルは身につかない

森本さんは、スキルを身につけるトレーニングをするためには、脚がフレッシュではないほうがいいと考えている。

「フレッシュな状態で全開でもがいても、腿の前側の使いやすい筋肉に頼るだけだと思うんです。もちろん、そういう練習はFTPを上げるのには有効だと思うんですが、裏側の筋肉を使うスキルは身につきません」

そこで森本さんは、腿の裏側の筋肉を意識するために、まずは使いやすい筋肉を「使い切ってしまう」ことを勧める。

「聞いた話ですが、どこかの高校の自転車部では、まずは高強度のインターバルなどをやって使いやすい筋肉を『使い切らせて』からロングライドに行き、徐々にスピードを上げていくそうです。こうすると、使いやすい前側の筋肉には力が残っていないので、裏側の筋肉を使わざるを得ないわけです」

使いやすい筋肉を意図的に疲労させてからスキルトレーニングに移るという、段階を踏むということだ。

## ◎ロングライドの後半がチャンス

森本さん自身も、脚が疲労した状態こそがスキルアップのチャンスだと考えている。

「僕も知人とロングライドに行くと、後半脚が厳しくなることがあります。でも、そんなときこそスキルアップのチャンスなんですね。メインというか、使いやすい筋肉はもう力がないから、別の筋肉を使ってついていくしかない。だから、普段は意識しづらい筋肉の使い方に気づけるんです」

ヒルクライムには効果がなさそうに思えるロングライドだが、スキルアップの観点からはとても重要だ。使いやすい筋肉を疲労させ、眠っている筋肉を目覚めさせることができる。

**ポイント**

- ◉ 脚がフレッシュだと、使いやすい筋肉に頼ってしまう
- ◉ 脚を疲労させてからトレーニングを続けると、眠っている筋肉を使う感覚を得られる

# 使いやすい筋肉を使い切る

強度を上げたり、長距離を走ることでまずは使いやすい脚を使い切る。すると裏側の筋肉を使わざるを得ないので、裏側を使うスキルを得られる

**アドバイス** 短時間・高強度トレーニングはたしかに有効なのですが、スキルアップという観点からは不十分だと言えそうです。

# ホビークライマーの壁「ダンシング」

## ◎10人中9人はダンシングができない

ヒルクライムのスキルについて語る上で避けられないのが、ダンシングだ。ダンシングができているかどうかは、そのクライマーのスキルのレベルを見分ける指標にもなる。

「正直にいって、**ホビークライマーの9割はダンシングができていないと感じます**。イベントなどで一緒に走るたびにそう思いますね」

ヒルクライムでのダンシングは、TTだけならばあまり重要ではないという意見もあるが、使う筋肉を変えることで脚を休めたりと、重視するクライマーも多い。

そして、ペースが変化するヒルクライムレースなら、ダンシングが必須であることは言うまでもない。実際、森本さんの強さの一端はダンシングにある、と言うライバルたちも多い。

## ◎「ダンシングができない」とは？

しかし、そもそも「ダンシングができていない」とは、具体的にどういうことなのだろうか？　その点が分からないクライマーも多いはずだ。

「ダンシングのポイントはいろいろありますが、ひとつはバイクの振り方。バイクが振れていない人が多いです。重心の移動ができていないのかな？」

もう一つの大きなポイントは、引き足の使い方だという。ダンシングでは、シッティングよりも引き足が持つ役割が大きいと森本さんはいう。

「シッティングはフラットペダルでもできますが、**ダンシングはムリ。そのくらい引き足が重要です**」

では、ダンシングに必要な体の使い方を、一つひとつみていこう。

**ポイント**

- ◉ ホビーレーサーのほとんどはダンシングができていない
- ◉ バイクの振り方、引き足などいくつか重要なポイントがある

# ダンシングで差がつく

脚を休めたり、勾配の変化に対応したり、レースでのアタックに反応したり。ダンシングは強いクライマーになるためには必須のスキルだ。

**アドバイス** 残念ですが、ホビークライマーのほとんどはダンシングができていません。ひと目でわかってしまいます。

# 上死点を重心の下に持ってくる

## ◎バイクを左右に振る理由

ダンシングの一つ目のポイントは、バイクを左右に振ることだ。

「シッティングなら誰でも手放しはできますが、ダンシングでは絶対に不可能ですよね。つまり、ダンシングではハンドルに体重がかかっているんです。そして、ペダリングに合わせて左右にバイクを倒しています」

バイクを振る目的は、ペダルに体重を乗せることだと森本さんはいう。

「右のペダルが上死点に来たとします。このとき、バイクが直立していると、右のペダルは体の右側にあることになりますよね。ですが、バイクを少し左に倒すと体の真下に右のペダルが来ますから、体重をペダルにかけて踏み下ろせる。バイクを左右に振る目的はここにあります」

左のイラストのとおり、バイクを倒すことで、上死点にあるペダルの真上に体が位置するのだ。そうすれば、体重をペダルにかけやすい。すなわち推進力に変えやすい。

そして、ライダーはペダリングに合わせてこの動きを繰り返すことになるので、バイクは右、左、右……と交互に振れる。

「ダンシングができていない方は、バイクが左右に振れていないんですね。むしろ体のほうが上下にブレてしまっていたりします」

バイクを左右に振るときには、当然、ハンドルを左右に振ることになる。

このとき注意しなければいけないのは、ハンドルを切らないようにすることだ。ハンドルを切るとバイクが左右に蛇行してしまうため、直進時よりも長い距離を走ることになる。つまりペースが落ちてしまうのだ。

ダンシングをするときの森本さんは、舵を切らないようにしながらバイクを振っているという。

**ポイント**

- ◉ バイクを左右に振ることで、上死点に体重をかける
- ◉ バイクを振る際には、蛇行しないように注意する

# バイクを振り、上死点の上に重心を位置させる

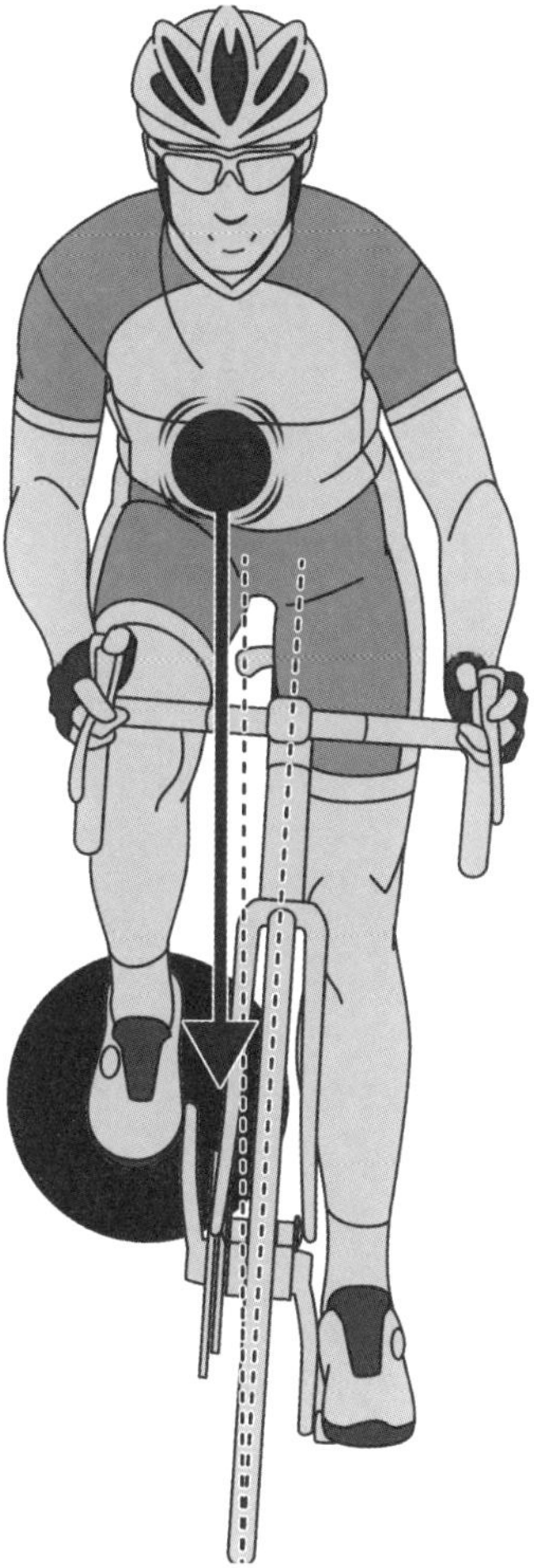

ペダルが上死点にある側の反対にバイクを倒すと、重心がペダルの上に来るため、ペダルに体重をかけられる

アドバイス あえて蛇行させる特殊なダンシングもありますが、それは例外。ハンドルが舵を切らないよう注意してください。

# ダンシングでは引き足を使う

## ◎引き足でトルクも生む

バイクを振ることに次ぐダンシングのポイントは、引き足を使うことだ。

「ダンシングでは、ペダルを引き上げる『引き足』をかなり使います。これはシッティングとの大きな違いですね。『今、ペダルを引いているな』と感じられるので、引き足で推進力も生んでいると思います」

シッティングでは主に踏み足で推進力を生む。引き足は、反対側の足がペダルを踏む力を妨げない程度に留めるのが一般的だ。しかし、森本さんのダンシングでは引き足でもトルクを生むのだ。

## ◎左右の脚を同期させる

注意しなければいけないのは、片方の脚が引き足としてペダルを引き上げているときは、もう一方の脚はペダルを踏んでいる点だ。

つまり、ペダリング中の両足は常に同時に、反対の動きをしている。

「左右の脚の同期、つまり右脚で踏み込みながら左脚を引き上げる、という感覚をつかむことがとても重要です。たぶん、初心者の方には難しいのではないでしょうか」

森本さんも、バイクを左右に振りながら両脚を同期させる感覚を身につけるまでにはかなり時間がかかったという。

「ある時、『あ、こうやるんだ』と気づいたことを覚えています。野球のバッティングでいう、バットの芯でボールを打ち返すようなイメージですね。うまく言葉では説明できないのですが……」

感覚的な気づきを言葉にすることは難しい。だが、引き足と踏み足の同期には、体のひねりがカギを握っていると森本さんは言う。次項で解説しよう。

**ポイント**

◉ ダンシングでは引き足でもトルクが生まれる
◉ 片足で踏みこみながらもう片足を引き上げる動きを同期させる

# 踏みながら、引き上げる

引き足が重要なダンシングだが、反対側の足はペダルを踏んでいることを忘れてはならない。踏み足と引き足の同期がポイントだ

**アドバイス** 踏み足と引き足を綺麗に同期させるためには、体幹をひねらせるような動きがポイントになります。

# 腰をひねらせて脚を引き上げる

## ◎ 体幹で脚を引き上げる

ダンシングでの引き足では、体幹の動きがカギを握っているというのが森本さんの意見だ。

「ダンシングでの踏み足は簡単というか、自然なんです。体重をかけるだけですから。ですが、反対の足を上げるのが難しい。**ポイントは、脚だけの力で足を上げようとせず、体をひねることです**」

たとえば左の足を上げようとするときは、脚だけを動かすのではなく、体幹ごと、少し時計回りにひねる。すると体幹の動きが脚を上げることを助けてくれる。

「体幹、あるいは腰をひねるイメージでしょうか。腰の動きを脚を上げる動きに利用するんです」

体幹ごとひねり、脚を持ち上げるということだ。したがってダンシングのときは、体がねじれるように動く。上半身を固定することはない。

## ◎ 膝でハンドルを蹴る

引き足で大切なのは脚を引き上げる方向だが、森本さんの場合、「上」ではない。

「**ハンドルに膝をぶつけようとする感じです**。その動きを、脚だけではなく、腰のひねりを利用してやるのがポイントですね」

体幹をひねりながら、脚でハンドルバーを蹴る動きを左右交互に繰り返すのが、森本さんのダンシングだ。

したがって、ダンシングの最中の体は、バイクを左右に倒しつつ上体をひねり、その力を利用して脚を上げるという、とても複雑な動きを見せることになる。

ダンシングの難しさはここにあるのかもしれないが、森本さんも一朝一夕で身につけたわけではない。フィジカルトレーニングだけではなく、スキルトレーニングでも継続がものを言うはずだ。

**ポイント**

- ◎ 体幹をひねる力を利用して脚を引き上げる
- ◎ 膝でハンドルバーを蹴るイメージで脚を上げる

# 体幹をひねって脚を上げる

脚だけを動かすのではなく、体幹をひねる力を利用して脚を上げる。膝でハンドルバーを蹴るイメージで

**アドバイス** ダンシングのイメージがつかめたのは2012年ごろでした。一度イメージがつかめれば自分のものにできますから、がんばってください。

# 下死点は勢いで通過する

片方のペダルが上死点を通過しているとき、反対側のペダルは下死点を通過している。ダンシングではもっとも難しいように思える下死点通過だが、森本さんはペダルの勢いを活かして通過すべきだという。

### ◎ペダルの勢いを活かす

「たしかに下死点を通過するのは難しいのですが、**踏み下ろされたペダルが勢いに乗っているわけですから、その勢いで通過するイメージです。**なにか、特別なことをするわけではありません」

ペダルが下死点に達するころには上半身もバイクを反対側に振るために動いているため、上半身の勢いも使える。ということは、全身をうまく使えていれば、下死点はスムーズに通過できるということでもある。

さらに、反対側の引き足の果たす役割も大きいという。

「ダンシングでは引き足でトルクを生むために、だいたい8時前後から引き上げはじめ、上死点近くまでトルクを加えています。ということは、反対側の足が下死点を通過することを助けていることになりますね」

片足が下死点にあるということは、反対の足が上死点にあるということでもある。反対側の足のトルクを借りて下死点を通過してもいいのだ。

ダンシングではしばしば「ハンドルに荷重しない」と言われるが、支点はあくまでハンドルだと森本さんは強調する。

「ダンシングで手放しはできませんよね。ということは、手で支えているということです。ただ、ハンドルへの荷重の仕方は刻一刻変わるので、がっしりと握りしめるのもまた違うでしょう」

腕も使いつつ、もっとも効率的なフォームを探そう。

**ポイント**

- ◉ ペダルの勢いを利用して下死点を通過
- ◉ 反対側の引き足の勢いも下死点通過に利用する

# 引き足を使って下死点通過

引き足でのトルクが大きいと、反対側の足の下死点の通過を助けることができる

**アドバイス** ダンシングの最中に、手で体を支えないということはありえません。ただ、手の動きはとても複雑で、一言で説明するのは難しいでしょう。

# タイムアタックは最初と最後がピーク

## ◎「尻上がり」では走れない

森本さんは、タイムアタックでのペース配分は決して「尻上がり」ではないと指摘する。

「たまに言われることですが、タイムアタックでのパワーの推移は尻上がりではなく、序盤と終盤にピークが来て中盤がやや落ちる、凹型になると思うんです」

まずは序盤。タイムアタック全体の平均パワーをやや上回るくらいのパワーで入ることが多いという。

「ずっと300Wで上るなら、アドレナリンが出ている序盤は320Wくらいで入る感じですね」

脚がフレッシュな序盤はパワーが出やすいが、無理に抑えずにやや高めのパワーで走りはじめる。

しかし中盤に差し掛かると苦しくなってくるはずだ。そうなったら少しパワーを落とすのだが、落とし方に注意が必要だという。

「『落とす』というより、維持できるパワーに調整するイメージです。パワーを主観的なきつさに合わせるというべきでしょうか。パワーでいうなら、1割落とすか落とさないかくらいです」

序盤の高めのパワーを維持していると、主観的な「きつさ」が強くなってくる。そこで、きつくなった分だけパワーを落とし、序盤と同じくらいの苦しさに戻す感覚だ。

「心理的な側面も大きいですね。体と対話しながら走っていると、どうしても平均パワーを下回ってしまう時間帯は出てきます。その意味でもずっと尻上がりは不可能なので、中盤で調整する。そして、後半にもう一度上げるという感じですね」

中盤の苦しい時間帯は無理にパワーを維持せず少し落とし、終盤にまた上げていく。したがって、タイムアタック全体としては凹型になるというわけだ。

**ポイント**

- ◎ ペース配分は尻上がりではなく、凹型
- ◎ 中盤は苦しさに合わせ、ややペースを落とす

## 序盤と終盤にピークが来る

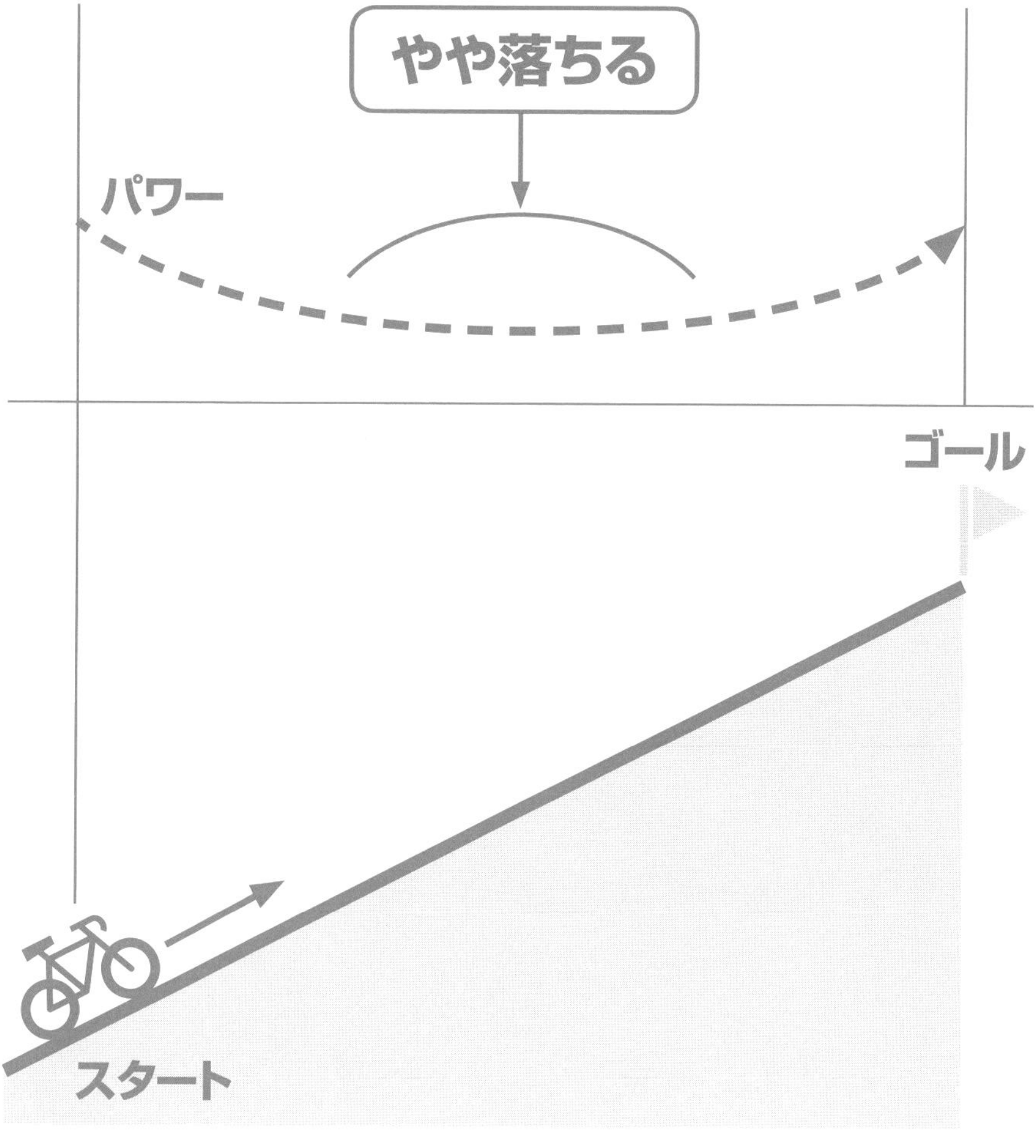


**序盤はやや高めのパワーで入り、中盤には調整のためにやや下げ、終盤に再び上げる。全体として凹型だ**

**アドバイス** パワーの調整は、最終的には経験です。「これ以上踏むとまずい」という感覚を体で覚えるしかありません。

# 主観的な「きつさ」を一定にする

## ◎パワーと主観的きつさはズレる

ヒルクライムのペース配分を語る際には忘れてはいけないことがあると森本さんは言う。それは、パワーと主観的なきつさとの対応関係は、時間と共に変化することだ。

「序盤の300Wと中盤の300Wを比べると、序盤はフレッシュですが中盤は疲れてくるので、中盤のほうが苦しいはず。つまり、パワーと主観的なきつさとの関係は一定じゃないんです。ペース配分について『上げる』とか『下げる』とか言う場合は、パワーについて語っているのか主観的きつさについて語っているのか区別しないといけません」

前項の凹型のペース配分は、あくまでパワーを基準にした場合。主観的きつさを基準にすると、話は変わってくる。

「中盤にパワーを少し落とすのは、主観的なきつさを一定に保つためとも言えます。つまり、主観的なきつさは上げ下げせず、一定なんですよ」

終盤になるとさらに脚がなくなってくるが、ゴールが近いことによる心理的影響により、再び主観的なきつさは減少する。

「終盤は心理的なものも手伝い、また主観的なきつさが弱くなります。だから、終盤はまたパワーを上げられるわけですね。ヒルクライム全体を通してみると、パワーは凹型ですが、主観的なきつさは一定になっているはずです。それがペース配分のコツと言ってもいいですね」

体力だけではなく、メンタルの状態も脚に影響するのだ。

「ペース配分は経験がモノを言うと思いますよ。僕もずいぶん失敗を重ねてきましたので……」

最終的には、場数を踏んで自分だけの感覚をつかむしかなさそうだ。

**ポイント**

- ◉ 主観的なきつさとパワーとの関係は状況によって変わる
- ◉ 主観的なきつさを一定にするのがペース配分のポイント

## 主観的なきつさは常に変わらない

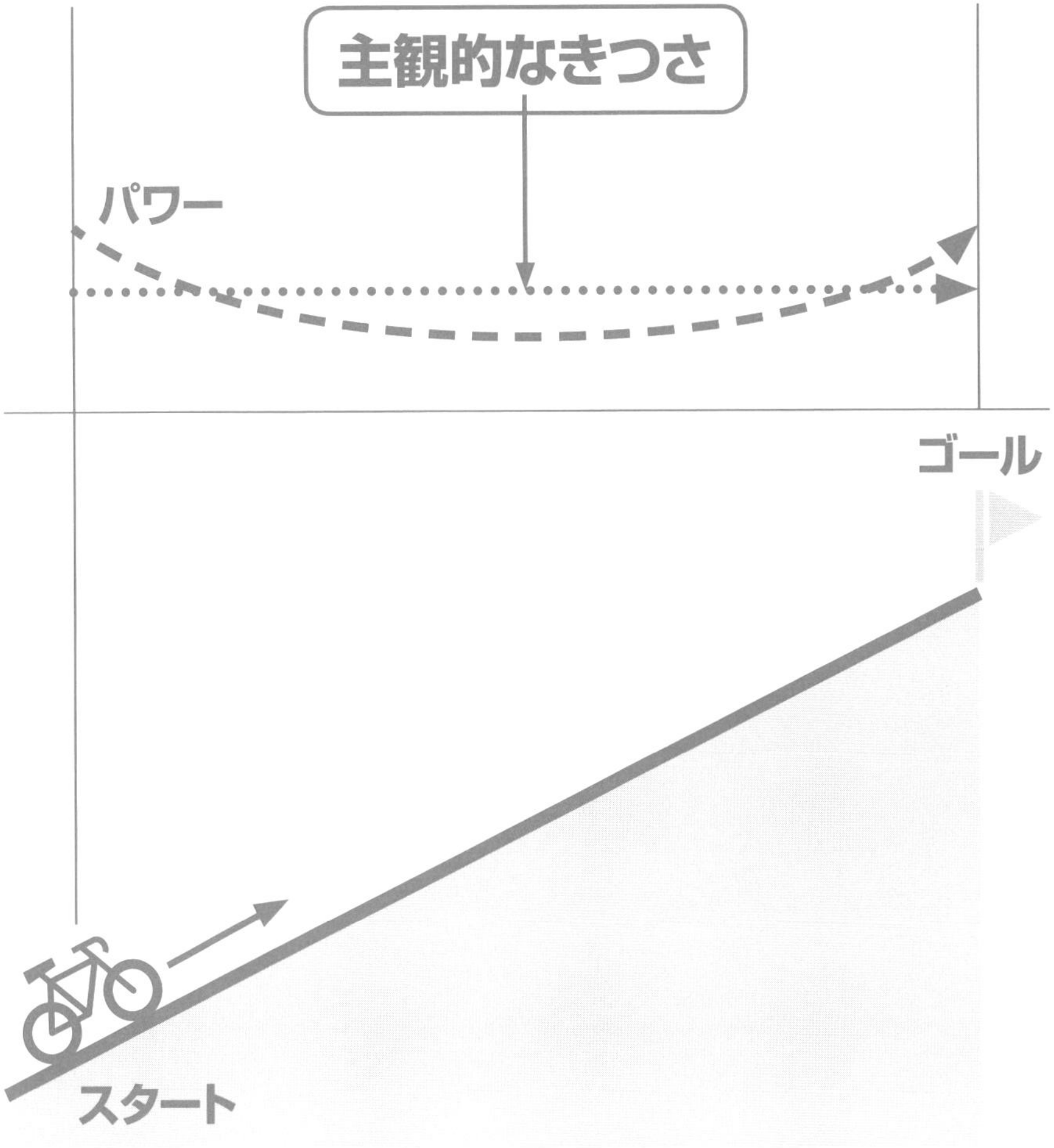


パワーは凹型に推移するが、主観的なきつさはほぼ一定に保たれる

**アドバイス** ペース配分は、才能よりも経験値が大きいと思います。きつさを一定にすることを心掛けて、たくさん峠にチャレンジしてみてください。

# 勾配変化に対応するスキルを磨く

## ◎きつさを目安にする

勾配の変化に惑わされずに走るためにも、主観的なきつさは目安になる。

「勾配が変わる場合でも、主観的なきつさを一定に保つようにするのがポイントです。結局、主観的なきつさを上げるということは、その後どこか緩めないといけないということを意味していますから、一定がいいと思いますよ」

注意点は、パワーは斜度の影響を受けるため指標としては正確ではないことだ。勾配がきつくなるほど、パワーは出やすくなる。

「勾配が厳しいほうがパワーは出やすいのですが、主観的なきつさは変わりません。ですから、パワーにとらわれないほうがいいでしょう」

ただし、勾配が厳しい場所で脚を使ってしまうと、その後勾配が緩んだタイミングでの加速が甘くなってしまう。加速のための脚を残しておくことは重要だ。

## ◎ペース配分の練習をする

ペース配分は、最終的には体で覚えるしかないというのが森本さんの考えだ。パワーメーターに頼ることはできない。

「『これ以上踏んだらダメ』という感覚を理解できればペース配分が身につき、タイムが短縮できると思います。もちろんフィジカルの力を伸ばすのが7割ではあるんですが、走り方も重要です」

森本さんはクライマーとしてのキャリアの初期に、奈良県吉野郡の芋ヶ峠を繰り返し上り、感覚を身につけたという。

「15分くらいの短い峠ではあるんですが、けっこう勾配が変わるので、ペース配分のいい練習になりました。ひとつの峠で感覚を磨けば他の峠にも応用できますから、まずは近場の峠に通い詰めてはどうでしょうか」

**ポイント**

- ◉ 勾配の変化に対しても、主観的なきつさを一定に保つ
- ◉ 勾配が厳しい場所だとパワーが大きくなりがち

# 勾配の変化に惑わされない

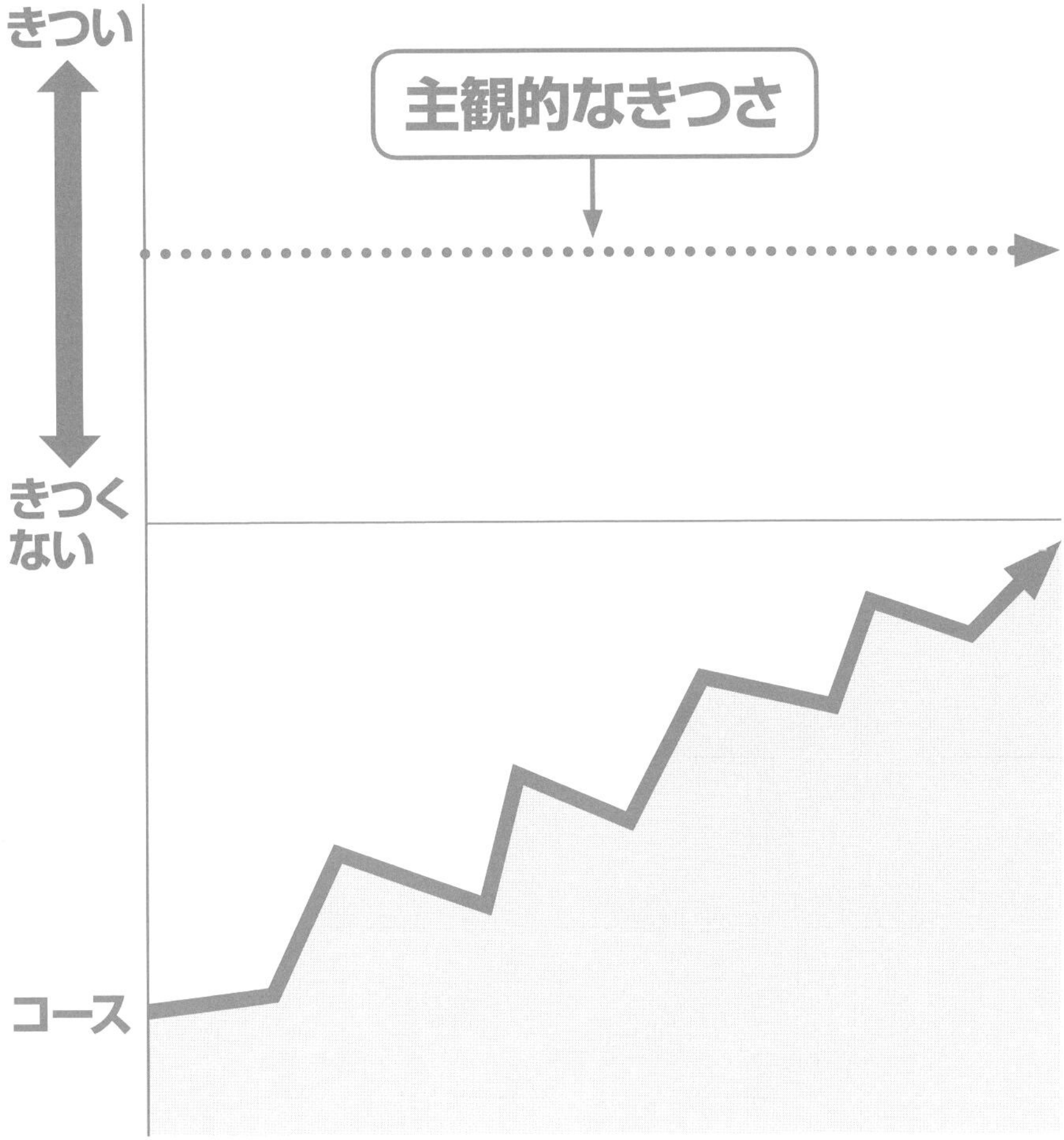


勾配が頻繁に変化する峠でも、主観的なきつさを一定に保つことでペースを維持できる

アドバイス あまり短いと問題ですが、15分以上ある峠ならペース配分の練習にはいいと思います。繰り返せばだれでも上手になれますよ。

# 森本誠さんのトレーニング

## ◎平地でベースを作る

「山の神」と呼ばれる森本さんだが、冬のオフが明けてから春までのトレーニングは平坦が中心だ。川沿いなどをLSDのやや上くらいのペースで走る。

「僕は個人的に『As Fast as possible走』と呼んでいます。できるだけ速く走る、ということですね」

平日は週2回ほど、やはり平坦で夜練をする。会社の仲間たちとの練習だが、脚力の差を埋めるため、時間差を追いてスタートするなど工夫をしている。週末の練習も、暖かくなるまでは平地が多い。

時期を問わず、トレーニングは週に3～4回程度。月・水・金曜日は休養日にすることが多い。

森本さんは、レースに出はじめたころは力を入れていたローラー台でのトレーニングや、インターバルなども行っていない。パワーメーターも使わない。いずれも、モチベーションを維持するためだという。

## ◎オフ明けにはスキル面の発見がある

また、冬に長いオフをとることも森本さんの特徴だ。近年は短くなってはいるが、それでも2カ月近く、自転車から離れて過ごす。

長いオフをとるのはモチベーションを維持するためだが、オフ明けに、スキル面での発見を期待できるからでもある。

「オフ明けのトレーニングは、体がリセットされているからか、ペダリングなどについて発見があるのが面白いですね。最近でも、裏側の筋肉の使い方などの『気づき』はありました」

集中的に乗り込む時期よりも、いったん自転車から離れ、体をリセットした後のほうがスキルアップには向いているのかもしれない。オフの後はスキルアップのチャンスだ。

**ポイント**

- ◉ モチベーションが維持できることを重視
- ◉ 長いオフ明けには、スキル面での発見が期待できる

## 森本誠さんの一週間

| | |
|---|---|
| 月曜日 | 休養日 |
| 火曜日 | 夜錬か朝練 |
| 水曜日 | 休養日 |
| 木曜日 | 夜錬か朝練 |
| 金曜日 | 休養日 |
| 土曜日 | 平地か山岳。隔週で休養日 |
| 日曜日 | 知人と山を含むロングライド |

**アドバイス** ローラー台やパワーメーター、高強度インターバルはたしかに効果的だと思うのですが、モチベーションに悪影響を与えるなら無理にはやりません。

# 次の最強クライマーは誰だ!?

## モーターのような加速

**森本**:2019年のFUJI-ZONCOLANヒルクライムレースでの加藤大貴さん(P73~)の走りは凄かったなあ。ホンマに、モーターみたいに正確に「ピーン」と加速していった。

**中村**:あれは凄かったですね。加藤さんが加速して「あ!」と思ったら一瞬で見えなくなっちゃいました。ゴールしてから加藤さんが勝ったと聞いて、そりゃそうだと思いましたよ。あんな走りができるんですから。

**森本**:あのときの加藤さんのタイム、日本人レコードでしょう? (それまで日本人レコードを持っていた元プロの)西薗(良太)よりも速いんだよ。

**中村**:しかも複数人のパックで上った西薗選手とは違い、加藤さんは単独ですからね。

**森本**:でも、我々は加藤さんの凄さを語れないわけです。レースではその片鱗だけ見たところでグッバイしてしまったから。将来が怖いなあ……。

## 粗削りでもスキルは高い?

**森本**:梅ぴょん(梅川陸さん:P183~)はケイデンスが高いなあ。

**中村**:高いですね。たぶん、無意識かもしれないけれど、彼はペダリングスキルは高いタイプだと思います。ケイデンスが高いということは、結局ペダリングスキルが高いということなので。

**森本**:だから、梅ぴょんはフィジカルが強いのは間違いないけれど、それだけではないね。

**中村**:ペダリングスキルが低い人は、上りだとケイデンスがすごく低かったり、お尻がサドルから左右のどちらかに落ちてたりするじゃないですか。でも心肺機能が強くて、かつ上りでも90回転や100回転のケイデンスが維持できるのが、ヒルクライムのスキルがあるということなんでしょう。

**森本**:そう、だからローラー台ばかり乗っているような人は除いて、「フィジカルだけが強い」「スキルだけが上手い」という人はあまりいないでしょう。この2つはセットだから。

002

ただ、繰り返しになるけれど、ダンシングに関しては違うかな。ダンシングは上手い人とそうでない人の差が激しい。

## パワフルだけど、クレバー

**森本**：嘉瀬峻介さん（P159〜）は、走り方も体型も特殊やね。（2018年のツール・ド・おきなわを勝った紺野）元太みたいなごつい体型で……。ただ、実は走りはクレバー。勝負どころまで潜んでいるイメージがあるな。全身をダイナミックに使うフォームも理にかなってはいるよね。

**中村**：乗鞍だと2018年が4位、19年が5位と来ていますね。

**森本**：2018年だったっけ？　最後にすごいアタックを見せたのは。

**中村**：そうですね。あのままペースが落ちなければマズいな、というアタックでした。

**森本**：アタックというと、大野拓也君（P173〜）はアタッカーだから、よく逃げているのを見るね。

**中村**：ですね。2019年の富士ヒル（Mt.富士ヒルクライム）でも派手に逃げてたなあ……。

**森本**：まだ粗削りなところがあるかもしれないけど、2019年くらいからは相当強くなったと感じる。「危険」な選手になっているね。

## クライマーからロードレーサーへ

**森本**：我らがスター、兼松さん（P131〜）は、今は明確にロードレースにスイッチしているよね。クライマーだった時期とロードレーサーの時期がはっきり分かれている人は珍しいな。

**中村**：よく見ると、兼松さんのシッティングは割と癖がありますよね。

**森本**：あるある。腕を持てあましているというか、脇が開いているというか。（ツール・ド・フランスを4勝した）クリス・フルームみたいな感じ？　ただ兼松さんはハンドルをかちっととらえるから、上半身は動かないね。

## クライマーの定義とは？

**森本**：佐々木遼君（P47〜）は、実は2019年に一緒に走ったヒルクライムレースは富士ヒルだけかな。でも、ロードレースの方ではよく見かける。2019年のニセコクラシックも、彼が落車するまでは上りが非常に強かった。

**中村**:僕は2018年の美ヶ原ヒルクライムでの彼の走りが印象に残ってますね。加藤君が逃げて、それを僕らが追いかけたときです。

**森本**:ああ、佐々木君がガンガンペースを上げていたね。彼、ロードレースにも出ているせいか、走り方がクライマーっぽくはないと思う。割とペースの上げ下げに強いから。標高が高い所でもいけるなら、乗鞍では強敵になるかもしれないな。

## クライマーへの憬れ

**中村**:彼はクライマーの定義に入るんですかね？　純粋なクライマーよりもロードレーサーもやっている人のほうが走り方もスキルも手数が多い気はしますね。

**森本**:でしょうね。ただ、「ピュアクライマー」への憬れは、サイクリストにはあるよね。昔なら故・マルコ・パンターニとか……。よく考えると、プロの世界でも純粋なクライマーの存在は珍しいんだけど、それが憧れにつながっているのかな？

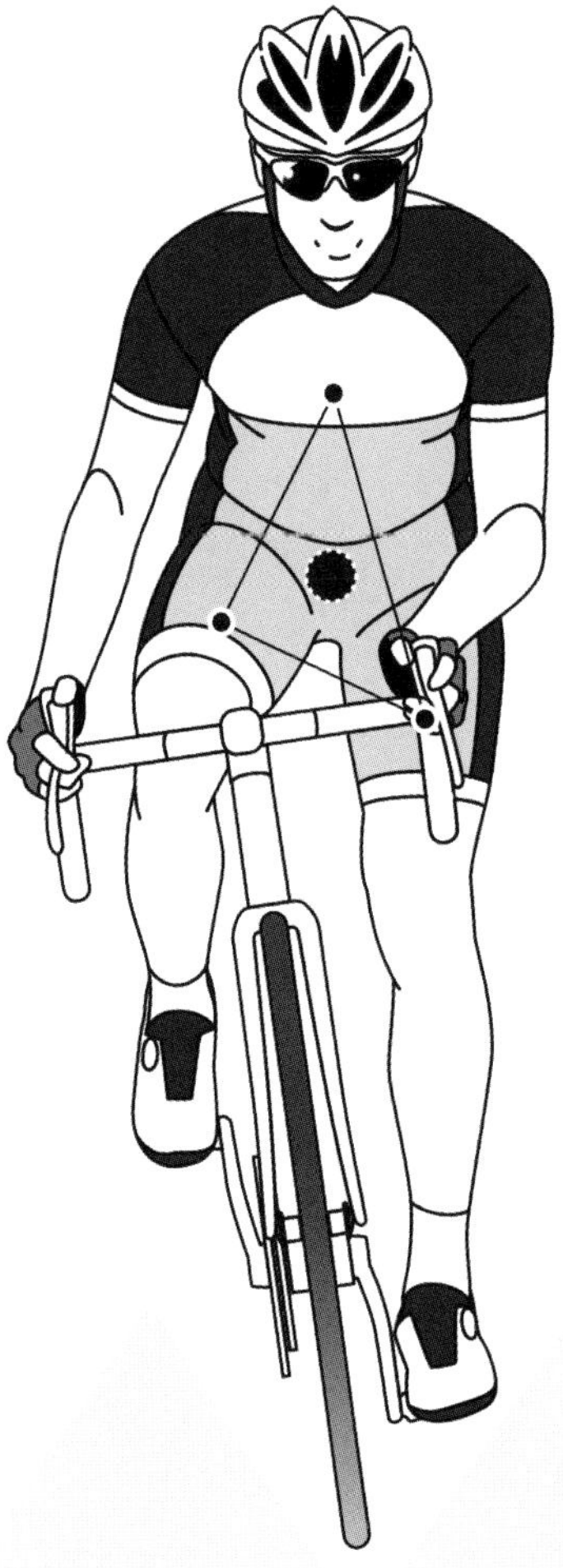

## Column ❹

# 継続は力なり

森本さんは例年、長いオフをとっていた。近年は少し短くなったが、以前はツール・ド・おきなわが終わった11月末から1月まで、ほぼ２カ月間、自転車に乗らなかった。長期的なモチベーション維持のためだ。

また、ローラー台でのトレーニングをしないことやトレーニングで短時間・高強度メニューを行わないこともモチベーション維持と関係がある。森本さんが長く山岳王の地位に君臨できているのも、モチベーションの維持が上手いからかもしれない。

2008年にはじめて乗鞍ヒルクライムを勝つまでの森本さんは、実走１回、ローラー台トレーニングが１回と、基本的に週２回のトレーニングしかしていなかったが、継続したことで強くなった。

もちろん生まれ持った才能もあるが、「山の神」が体現しているのは、無理をせず、モチベーションを維持することの大切さかもしれない。

file
05

# 兼松大和さん

YAMATO KANEMATSU

**主要獲得タイトル**

2017　ツール・ド・美ヶ原／優勝
Mt.富士ヒルクライム／優勝

# 上りでは「超エアロ」な姿勢になる

## ◎平地よりも「エアロ」

理学療法士として介護施設の所長を務める兼松さんは、運動学を学んだ人体の専門家でもある。そんな兼松さんから見ると、上りでのフォームは「エアロ」だという。

「まず、**上りでは傾斜がありますから、バイクが上向きに傾きますよね**。では体もバイクと同じだけ、傾斜に合わせて後ろに傾くかと言うと、そんなことはありません」

上りでは傾斜に合わせてバイクの前輪が上がり、後ろに傾く。だが乗り手の体は平地に近い姿勢を維持しようとするため、乗り手とバイクとの位置関係が平地とは大きく変わると兼松さんは指摘する。

「平地と同じようにサドルに座っているだけだと後方荷重になってしまいますから、乗り手はペダルに体重を乗せようと前傾します。すると、**バイクに対してかなりの前傾姿勢になるんですよ**」

坂を上るライダーの体とバイクとの位置関係は、平地を走るライダーのそれと比べると、バイクに対する前傾が深い。つまり、ヒルクライマーは、平地でいうエアロなフォームをとっているということだ。

## ◎踏み始めが遠くなる

また、ヒルクライムのフォームには、平地のフォームと大きく異なる点がもう一つある。それはバイクに対する、ペダルの踏み始めの位置が変わることだ。

「**バイクが後ろに傾く分、ペダルがもっとも高い位置に来るのが遅くなります**。それはつまり、踏み始めがライダーから遠くなるということでもあります」

前傾がきつく、かつペダルを踏み始める位置が遅くなる。ヒルクライムのフォームが持つこの特徴は、股関節への負担を大きくするという。

**ポイント**

- ◎ 傾斜があるため、平地よりも前傾がきついフォームになる
- ◎ ペダルがもっとも高い位置に来るタイミングが遅れる

# 上りではバイクが傾く

バイクは上向きになるが乗り手の体は地面に対して水平を保つため、事実上、前傾姿勢をとることになる

**アドバイス** スピードが落ちるので見落としがちですが、上りでは平地以上に「エアロ」なフォームをとっています。

# 上りでは股関節の屈曲が大きくなる

## ◎股関節と体幹が近づく

前傾姿勢をとらなければいけないヒルクライムでは、バイクと体との位置が近くなるため、股関節の角度が狭まると兼松さんは指摘する。

「前傾がきつくなるほど、上死点での股関節の角度は狭まります。それだけではなく、ヒルクライムでは重心の位置を調整するため前座りになりますから、なおさら股関節の角度は狭まるんです」

ヒルクライムでは上死点を通過するときの股関節の角度が平地よりも狭くなる。ということは、平地よりも股関節の柔軟性が問われるということでもある。

## 脚を大きく回す必要がある

ヒルクライムのもう一つの特徴も、ペダリングのフォームに大きく影響する。バイクの傾きの影響で、ペダルを踏み始める位置が体から遠くなることだ。

「平地の場合、ペダルがもっとも高くなる12時の位置から踏み始められます。ですがバイクが後ろに傾くヒルクライムでは、ペダルがもっとも高くなる位置がバイクに対して遅くなる。つまりバイクが水平だと仮定すると、1時くらいの位置から踏み始めることになります」

踏み始めの位置が遅くなるということは、平地と同じ感覚で踏み始めると無駄が多いということを意味している。

「股関節の角度が狭まることと、それにもかかわらず踏み始めが遅くなるということは、ペダリングを『遠く・大きく』する感覚が必要だということです。ヒルクライムだと、つい『踏む』ペダリングをしてしまう人が多いのですが、体の動きとバイクとの位置関係を考えると、これはNGです」

ヒルクライムでは、平地とは異なるペダリングが求められるということだ。

**ポイント**

- ◎ 上死点での股関節の角度は平地よりも狭い
- ◎ ペダルの踏み始めが体から遠くなる

# 股関節の角度が狭くなる

体幹とバイクとの角度が狭まるため、股関節の角度も狭くなる。また、ペダルの踏み始めが体から遠くなる

**アドバイス** 上りでは「踏む」ペダリングをしてしまう方が多いのですが、本当は平地以上に大きく脚を動かさなければいけません。

# 脚を大きく回す

## ◎踏むだけはNG

　ここまで説明したヒルクライムのフォームの特徴、すなわち股関節の角度が狭まることとペダルの踏み始めの位置が体から遠くなることを踏まえると、ヒルクライムでは「ペダリングを大きくすること」が重要だと兼松さんは言う。

「ペダルを踏むばかりになる人が多いのですが、体とバイクとの位置関係を考えると、**できるだけ遠くまで足を回すというか、大きなペダリングをする必要があります**。平地と同じ感覚で踏むと推進力につながらない恐れがあるからです」

　大きなペダリングをするために必要なことは多いが、まずは意識を変えることが重要だという。

「イメージとしては左のイラストのように、**まず上に足を引き上げ、その後前方に放り投げる感覚です**。大きな半円を描くように、脚を大きく回してください。水泳で『腕を大きく動かせ、遠くに伸ばせ』と言われた経験があるかもしれませんが、あの感覚に近いですね」

## ◎自然に足を引き上げられる

　この大きなペダリングには、引き足をスムーズにすることと、股関節の「詰まり」を防ぐ目的もあるという。

「遠くに向けて足を蹴ると、足を持ち上げるために引き足の時点で大きく脚を動かしますから、自然と引き足ができるというメリットもあるんです。『脚を持ち上げて遠くに』『持ち上げて遠くに』という動きを体で覚えたいですね」

　平地とは根本的に違う、上りならではのペダリングを身につけなければいけない。

**ポイント**

◎ 足を遠くに投げるイメージで、大きなペダリングをする
◎ 自然に引き足ができるメリットも

## 大きなペダリングのイメージ

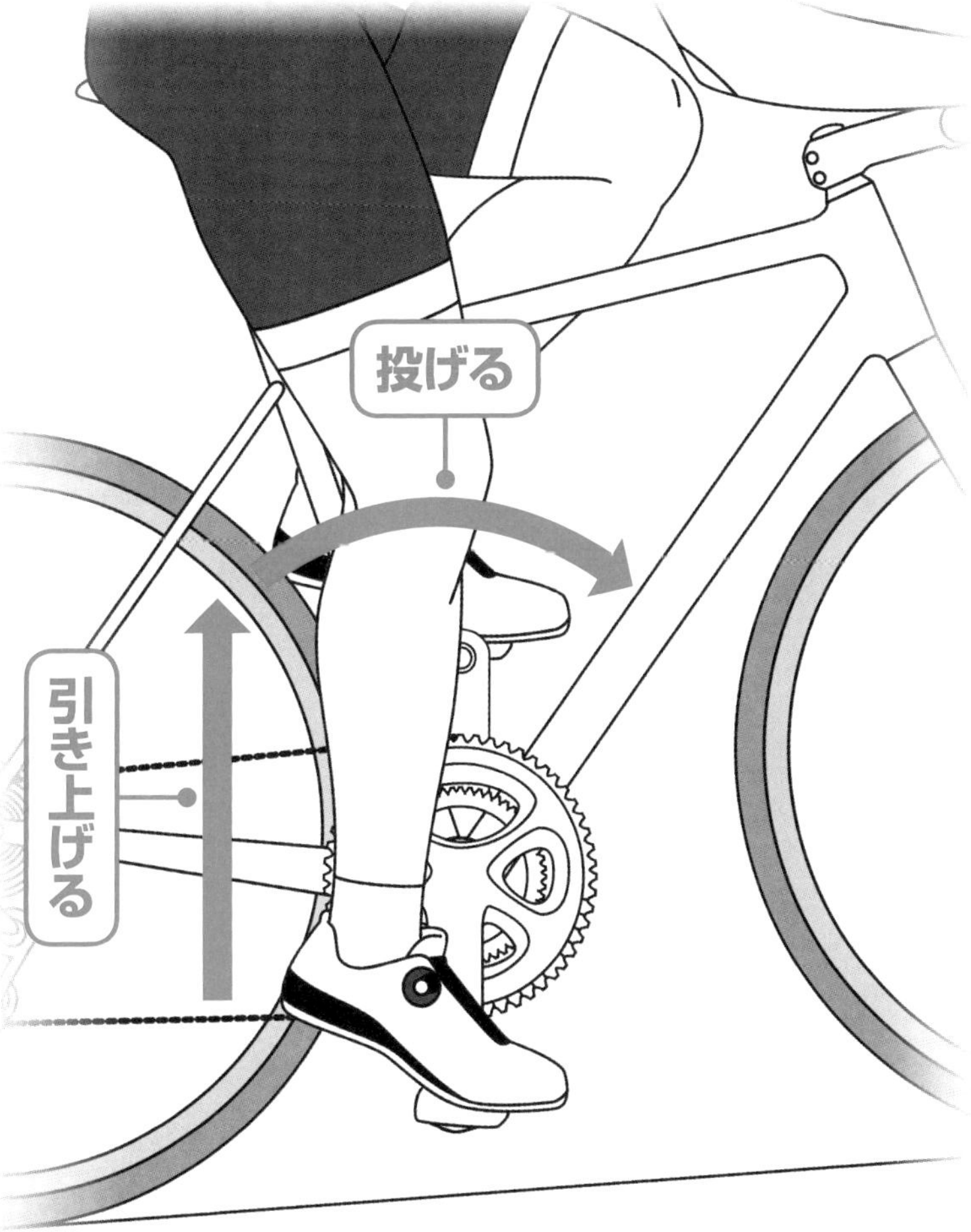


まず脚を持ち上げ、次に遠くに投げるイメージだ

**アドバイス** 上りでは、意識をしないと踏むペダリングになってしまう人が多いと感じます。意識的に大きなペダリングをする必要があります。

# 裏側の筋肉がカギを握る

## ◎ 大殿筋が使いやすくなる

股関節の角度が狭くなることは、必ずしも悪いことだけではないという。

「たとえば、お尻の殿筋には、股関節の角度が狭くなる方が使いやすくなる性質があるんです。したがって、ちゃんと体が使えていれば、ヒルクライムには殿筋が生むパワーを活かせるはずです」

階段を上ることで殿筋を意識する佐々木さんのトレーニング（Ｐ54）も、２段飛ばしや３段飛ばしのほうが股関節の角度が狭くなるため、より効果的だという。

## ◎ ハムストリングで体幹を支える

また、ヒルクライムでは、腿の裏側のハムストリングの持つ役割も大きくなる。理由はやはり、股関節の角度が狭まり、骨盤が前傾するからだ。

「椅子に座った状態で腿の下のハムストリングに手を当て、そのままゆっくりと上体を前に倒してみてください。ハムストリングが硬くなっているのがわかるはずです。ハムストリングは、体幹を支えているんです。体を前に倒した状態でハムストリングの力を抜くと、体幹がべちゃっと倒れることでもわかりますよね」

兼松さんによると、裏側の筋肉である大殿筋もハムストリングも骨盤に付いており、骨盤は脊柱（背骨）につながっているため、体幹と裏側の筋肉は密接な関係にある。

「ハムストリングの力が抜けると体幹が崩れるわけですが、逆に、体幹が崩れると裏側の筋肉が力を発揮できず、パワーが出ません」

体幹と裏側の筋肉は、文字通りつながっているのだ。

**ポイント**

- ◉ 殿筋は股関節の角度が狭いほうが使いやすい
- ◉ ハムストリングと殿筋は体幹とつながっている

# ハムストリングが体幹を支える

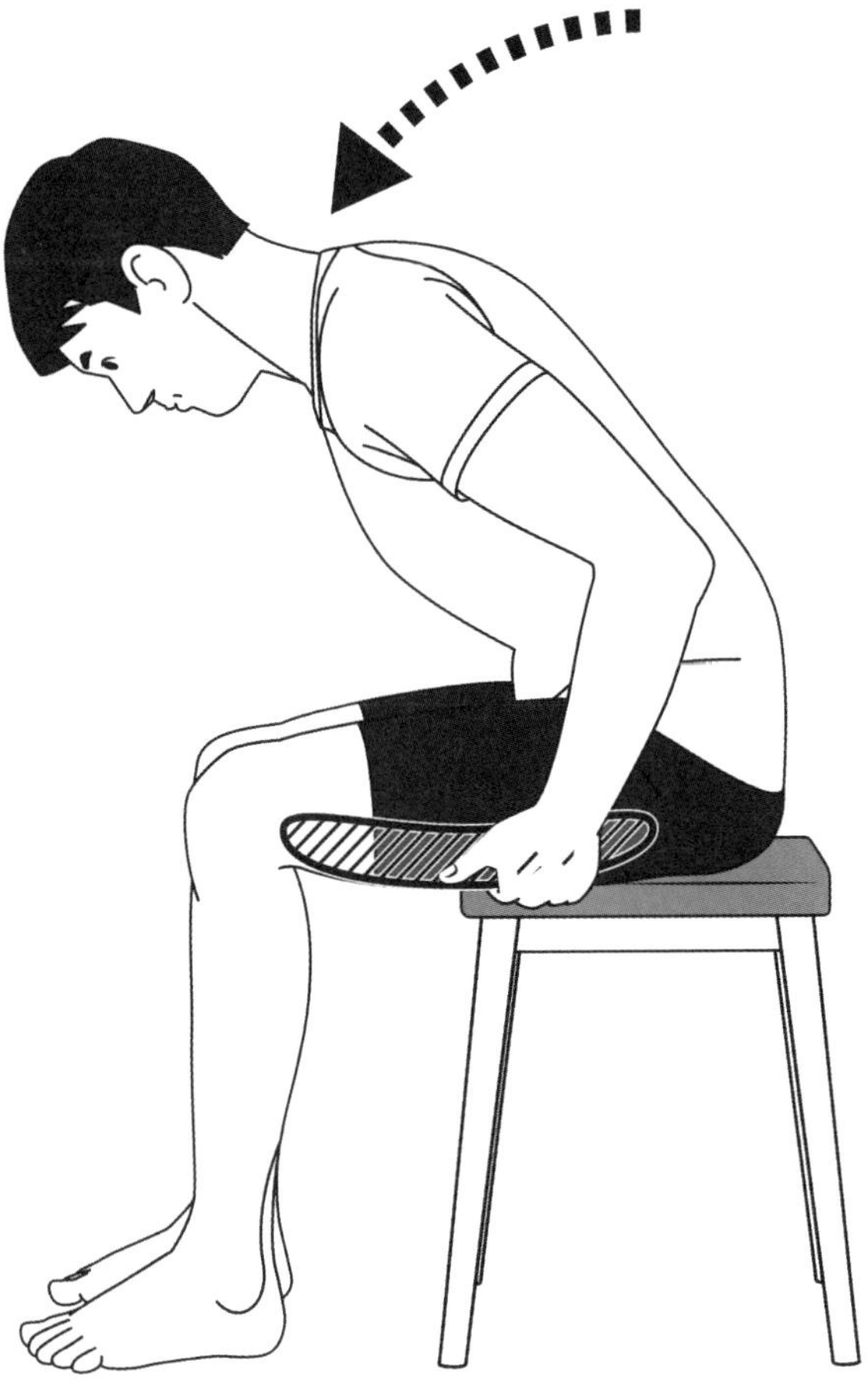

椅子に座ってハムストリングに手を当て、ゆっくりと上体を前に倒す。ハムストリングが体幹を支えるために硬くなっていることがわかる

**アドバイス** 体幹が重要だと言われるのは、ペダリングに使う筋肉と文字通りつながっているからです。

# ヘソをステムに近づける

## ◎体幹が安定しないとパワーが出ない

先の項目に書いたように、殿筋とハムストリングは体幹につながっているため、ペダリングでは体幹を安定させる必要がある。

「体幹がふにゃふにゃだと、殿筋とハムストリングも不安定になり、パワーが出ないんです。また、前側の筋肉ですが、脚を引き上げる役割を持っている腸腰筋も体幹につながっているので、引き足にとっても体幹を安定させることは欠かせません」

したがって、ヒルクライムのペダリングでは体幹をしっかりと安定させておくことが肝になる。

「でも、苦しくなるほど体幹の力が抜けてしまい、潰れてしまう人が多いようです。理想を言えば、体幹がガチガチの『剛体』になっているほうがいいのですが」

問題はどのように体幹を安定させるかだが、兼松さんは「ステムにヘソを近づける」イメージでペダリングすることを勧める。

「腕の力で、ヘソをステムに近づけるイメージでフォームを維持すると、体幹を安定させることができます。腕でしっかり体を支えるのは、ペダルを踏んだときの反発力を抑え込むためでもあります」

だが、一般的には上体や腕を力ませることはよくないとされている。腕でヘソを体幹に近づけるフォームでは、上体と腕が力んでしまうのではないか？

「これはあくまで、体幹を安定させる感覚をつかむためのイメージなんですよ。たしかに腕はリラックスしたほうがいいでしょう。しかし、それはあくまで体幹を安定させられることが前提です。まずは体幹をしっかりする感覚をつかみ、リラックスはその次ですね」

スキルは、順を追って身につけなければいけない。最初から理想的なフォームで走ることはできないのだ。

**ポイント**

- ◉ 体幹が安定していないとパワーが出せない
- ◉ ステムにヘソを近づけるイメージで体幹を安定させる

# ステムにヘソを近づける

ステムにヘソを近づけるイメージでペダリングすると、体幹が安定する。腕の力を使ってもよい

**アドバイス** いくら筋トレなどで体幹を鍛えても、自転車の上で体幹を安定させる感覚を理解しなければ意味がありません。自転車の上でのスキルトレーニングは必須です。

# 体の重心は常に「丹田」にある

## ◎音で重心位置をチェック

兼松さんも、ヒルクライムの最中は重心の位置に注意している。

「ダンシングだと特に多いのですが、前荷重になって前輪のタイヤを潰してしまう人が多いようです。前乗りを意識するあまり前輪に荷重してしまうのでしょうか。片輪だけに圧がかかると進まないので、シッティングでもダンシングでも、前後輪の真ん中に重心が落ちるように注意しています」

前輪（または後輪）に荷重しすぎているかどうかは、タイヤが潰れる音を聞くとわかるという。

「あまり意識しない人が多いようなのですが、実は耳を澄ますと、『ブリブリ』というタイヤが潰れる音が聞こえます。荷重によってグリップ音が変わるんですね。ダンシングをすると顕著にわかりますよ」

タイヤの潰れ具合を目視するのは少し難しいが、音を聞くことはできる。耳を澄ませてみよう。

## ◎重心の位置を示すトライアングル

重心の位置は、お尻の位置と体幹の傾きによって調整するが、そもそも体の重心の位置を知っているだろうか？　と兼松さんは問いかける。

「身体重心は、みぞおちのやや上の『胸骨』と左右の大腿骨の中心を結んだ三角形の中心に位置します。重要なのは、どのような姿勢をとっていても、重心はこの三角の中心にあることです。だからペダリングの最中は、何もないお腹の下の空間上に重心が位置することになりますね」

この三角形を理解し、重心の位置を視覚的に理解できれば重心の調整をしやすいはずだ。

**ポイント**

- 前後への荷重のバランスはタイヤのグリップ音でチェック可能
- 体の重心は胸骨と左右の大腿骨の中心を結んだ三角形の中心にある

# 身体重心の位置

体の重心は、みぞおちのやや上にある胸骨と左右の大腿骨の中心を結んだ三角形の中心にある。どのようなフォームでも変わらない

**アドバイス** 重心の位置を視覚的に知ることができれば、調整しやすいでしょう。また、タイヤの音で、つまり聴覚でチェックすることもできます。

# 二段階のダンシング

## ◎大きく分けて2パターン

兼松さんがヒルクライムで使うダンシングは、大きく分けて2つある。特徴的なのは、この2つのダンシングをつなげて使うことも多い点だ。

「ひとつは、ハンドルに荷重して重心を前の方に持っていき、**大腿をハンドルバーに当てるようなダンシングです**。引き足をメインで使う感じですね。前のタイヤは潰れてしまうんですが、これはこれで一つのダンシングです。シッティングの脚が疲れてきたり、勾配が変わってシッティングのリズムが崩れたときなどに、リズムを作り直すために使います」

前荷重をし、主に引き足によってトルクを生むダンシングだ。シッティングとはまったく異なる筋肉を使うことができる。

## ◎股関節を狭めて殿筋を使う

この引き足のダンシングからフォームを変え、もう一つのダンシングに移行することも多い。それが、大殿筋を主に使うダンシングだ。

「引き足のダンシングから腰を落とし、サドルのすぐ上あたりまで持っていくと、また別のダンシングになります。別というのは、**大殿筋を主に使うダンシングに変化するからです**」

先に書いたように、大殿筋には股関節の角度が狭いほうが使いやすいという性質がある。したがって、お尻の位置をサドルに近づけると股関節の角度が狭まるため、殿筋を使ったダンシングができる。

「ちなみに、上体を起こしてダンシングをすると股関節の角度が広がるため、腿の前側の四頭筋を主に使うダンシングになります。体の構造を知るとフォームへの理解が深まりますよ」

**ポイント**

- ◎ フォームを変えることでダンシングに使う筋肉を変える
- ◎ 股関節の角度を変化させると、使う筋肉が変わる

# 二段階で変化するダンシング

引き足を主に使うダンシングからお尻の位置を引き、腰を下げると、殿筋を主に使うダンシングへと切り替わる

**アドバイス** 長くダンシングを使うことはありませんが、脚を休めたり、勾配の変化に対応するときはダンシングの出番です。

# 常に足底にペダルを感じ続ける

## ◎トルクの抜けを防ぐ

ヒルクライムでは、勾配や路面状態などが刻一刻と変化する。そんな変化の中でもペースを落とさず走り続けるために、変速やダンシングといったテクニックが必要になるが、変速やダンシングのタイミングによっては、減速してしまう恐れもある。

「どんな場合でも注意を払うべきなのは、足底の感覚です。常に足底に、ペダルの圧力を感じ続けていなければいけない。ペダルの圧が感じられなくなったら、それはトルクが抜けているということです」

ダンシングであれシッティングであれ、推進力を生めている間は足底に圧を感じられていなければおかしい。もっとも基本的な心掛けとして、足底の感覚には常に注意しておきたい。

兼松さんによると、特にトルクが抜けがちなのは、変速時とダンシング／シッティングを切り替えるときだという。具体的な注意点は、次項から説明する。

## ◎ペダリングのチェックも足底

足底に注意する方法は、ペダリングスキルのチェックにも使えるという。

「ケイデンスが高めの人に多いと思うのですが、ペダルを上から踏むばかりのペダリングになってしまうとトルクが抜け、足底に圧を感じられなくなってしまいます。それは、足を遠くに投げる『大きなペダリング』を忘れているから。大きなペダリングがちゃんとできていれば、足底にはトルクが感じられるはずです」

フォームや状況を問わず、トルクによる推進力を生めていることはヒルクライムの前提だ。足底に注意してセルフチェックしてみよう。

**ポイント**

- ◉ 推進力を生めているかどうかは足底に感じるトルクでチェックできる
- ◉ トルクに抜けがなければ、足底には常に圧を感じられる

# 足底でトルクを感じる

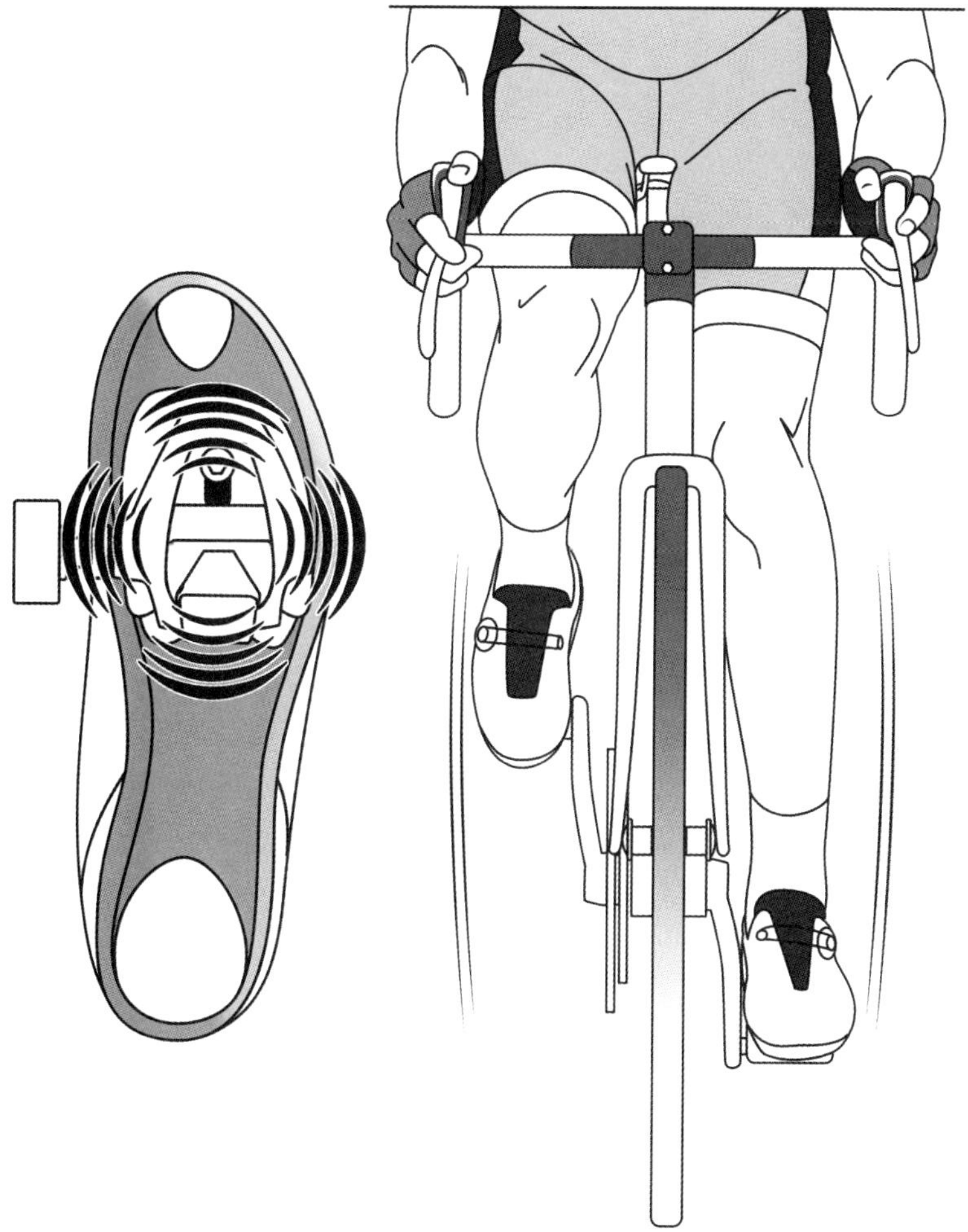

推進力につながるトルクに抜けがなければ、足底には常に圧を感じられる

**アドバイス** 足底に圧を感じられない瞬間は、微妙に減速しているはずです。加減速をなくし、進み続けられるクライマーは、足底に常に圧を感じています。

# ダンシングでは減速に注意

う2段階の動きになっているせいです。そうではなくて、腰を上げる瞬間もペダリングをしていなければいけません。言いかえると、足底にトルクを感じながら腰を上げるんです」

トルクを抜かずにサドルから腰を上げるためには、立ち上がるタイミングが重要だ。

「ペダルが下死点付近にあるときに立ち上がってもトルクは生まれません。3時付近でも遅い。できれば**1時付近にペダルが来たタイミングで腰を上げてください**。すると体重がそのままペダルにかかるので、推進力が生まれます」

また、ダンシングを終えてシッティングに戻る際にも減速してしまうケースが多い。

「サドルに座るときには、お尻がサドルのすぐ上に来る殿筋を使うダンシング（P144）に移行してから座るようにしてください。殿筋のダンシングはシッティングのフォームに近いので、スムーズにシッティングに移行できてトルクの抜けも防げます」

兼松さんは、ダンシングを「貯金」だととらえている。

「シッティングの脚を休められるダンシングは脚の『貯金』ですね。重要なのはまだ苦しくない序盤からダンシングをして、後半に向けて貯金しておくことです」

ところが、シッティングからダンシングに切り替えるのは意外と難しいという。

「シッティングからダンシングにした瞬間に減速**してしまう人が多いですね**。プロは減速しないのですが、アマチュアは減速しがち。トルクが抜けるからですね」

兼松さんによると、減速するのはサドルから腰を上げた瞬間にペダルを踏めていないためだという。

「サドルから腰を上げる↓ペダリングする、とい

## ◎ペダルを感じながら立ち上がる

## ポイント

- ◉ ダンシングとシッティングの切り替えの際には減速しがち
- ◉ ペダルを踏みながら立ち上がるようにする

# ペダルにトルクをかけながら立ち上がる

ペダルが上死点通過直後のタイミングで立ち上がれば、体重を推進力に替えられる

**アドバイス** 腰を上げた瞬間に減速する人は少なくありません。意識して注意してみてください。

# 脚を使い分けて勾配をクリア

## ◎上り切っても脚を止めない

ダンシングは、勾配の変化に対応する際にも欠かせない。

「ちょっとした勾配の変化、とくに勾配がきつくなる場面はギアを変えるよりも、ダンシングでギアを変えずにしのいだほうが楽ですね」

ただし、激坂が長く続く場合はシッティングに切り替える。長くダンシングを続けることは得策ではないからだ。

そして勾配が緩んだら再びシッティングに切り替えるが、ここはスキルの差が出る場面だ。

「激坂を上り切った段階で脚を止めてしまう人が多いのですが、それでは減速してしまいます。上り切っても5mくらいは踏み続け、しっかりとスピードに乗せてください」

## ◎ダンシングの脚からシッティングの脚へ

勾配の変化にダンシングで対応するのは、シッティングで使う筋肉を休ませるためでもある。

「激坂はダンシングの脚でクリアし、ピークを越えた瞬間にシッティングに切り替えることが多いですね。シッティングとダンシングとでは使う筋肉が違いますから、ペースを落とさずに激坂を乗り越えられるんです」

脚を使い分けて疲労を分散させるイメージだ。そんな最中も、足底に常にトルクを感じられるように注意しよう。

また、激坂では上体がふらつきがちだが、必ずしもNGではない。

「体重を乗せるために多少揺れるのはいいと思うんです。でも問題は、ペダリングのリズムと体の揺れが同期していない人です。それではペダルに体重が乗せられないので、体がブレているだけです」

**ポイント**

- ◎ 急勾配を上り切っても脚を止めず、スピードに乗せる
- ◎ 激坂はダンシングの脚でクリアし、負担を分散する

# 急勾配のピークからの加速

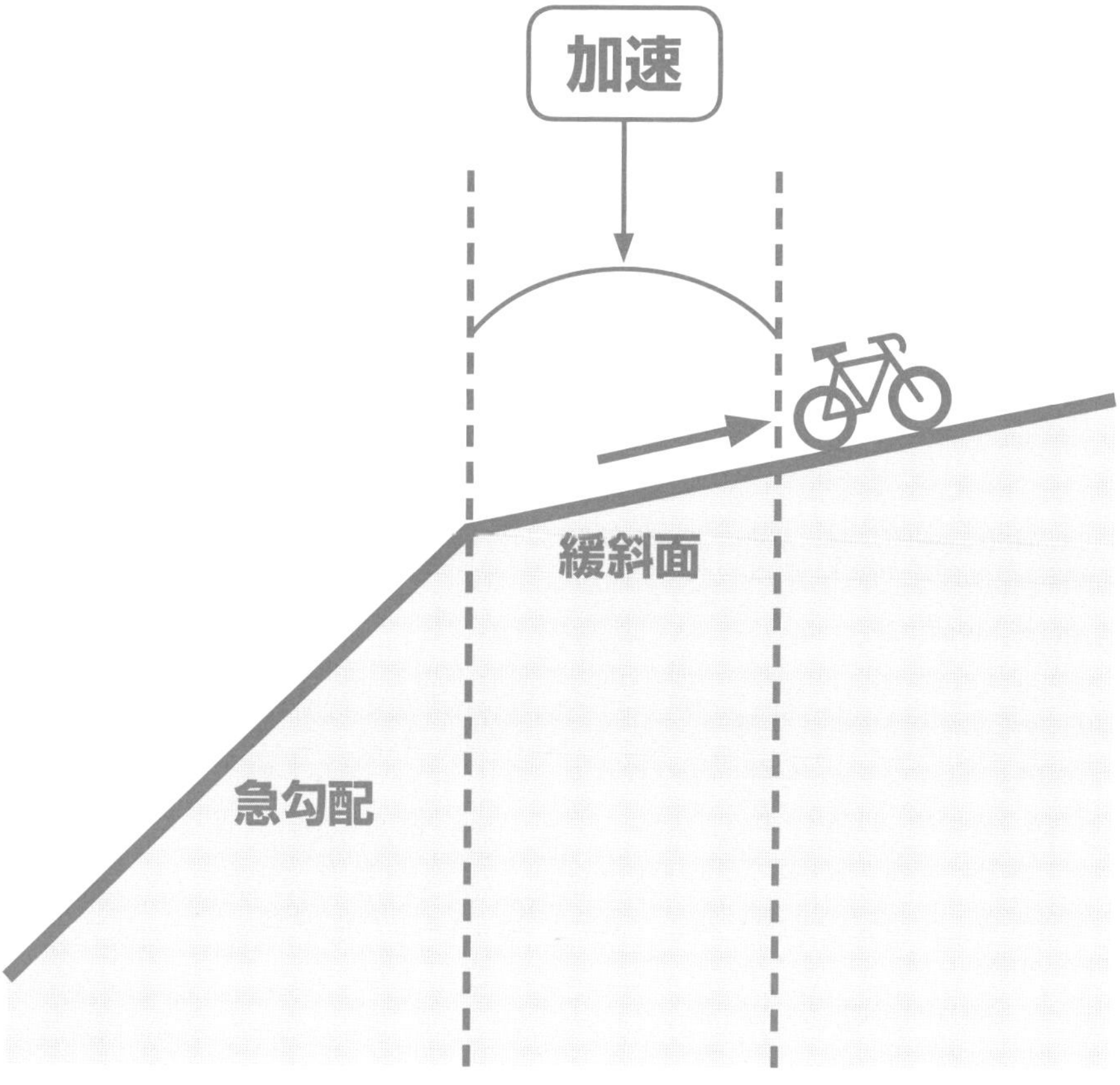


ピークで踏み止めず、ピークを越えても踏み続けて勢いに乗せる

**アドバイス** ダンシングが綺麗かどうかも、タイヤのグリップ音でチェックできます。綺麗なダンシングだと、あまり音がしないのです。

# 峠は15分を境に走り方が変わる

ヒルクライムでのペース配分は、峠の長さによって大きく2つに分かれると兼松さんは言う。

「15分くらいを境に、序盤から速いペースで突っ込むか、抑えるかが変わります」

15分以内で上れる短い峠では、序盤から速いペースで走ったほうがタイムを短縮しやすいという。

## ◎突っ込むか、抑えるか

「長い峠は序盤を抑える必要がありますが、短い峠だと、序盤を抑えすぎてタイムを更新できない人が多い印象です。このくらいの長さだとFTPは確実に超えますから、FTPのやや上のパワーで突っ込み、中盤でFTPくらいまで落とし、最後にまた上げるほうがいい。ただ、パワーメーターでパワーを管理できることが前提ですが」

ペースを抑えて走りはじめ、徐々にペースを上げていく「尻上がり」にする必要はないのだろうか？

「尻上がりだと、最後にもがくので『出し切った』満足感はあるんですが、序盤にかなりタイムをロスしていると思うんです。経験上、短い峠は最初から突っ込んでいったほうがタイムは出ますね」

ただし、パワーメーターがない場合は、中盤の走り方には注意が必要だという。

「中盤はややペースを落としますが、パワーが少し下がるだけで、主観的な苦しさはほぼ変わりません。だから、主観的には一定ペースで上り、最後の1分か30秒くらいだけもがくイメージですね」

なお、脚に来ている状態でも、クレアチンが主なエネルギー源になる10秒程度の全開走は可能だという。したがって、最後は出し切ることでタイムが短縮できる

**ポイント**

- ◎ 峠は15分前後を境にペース配分の方法が変わる
- ◎ 短い峠は序盤からハイペースで突っ込んでいく

## 15分以下の峠の走り方

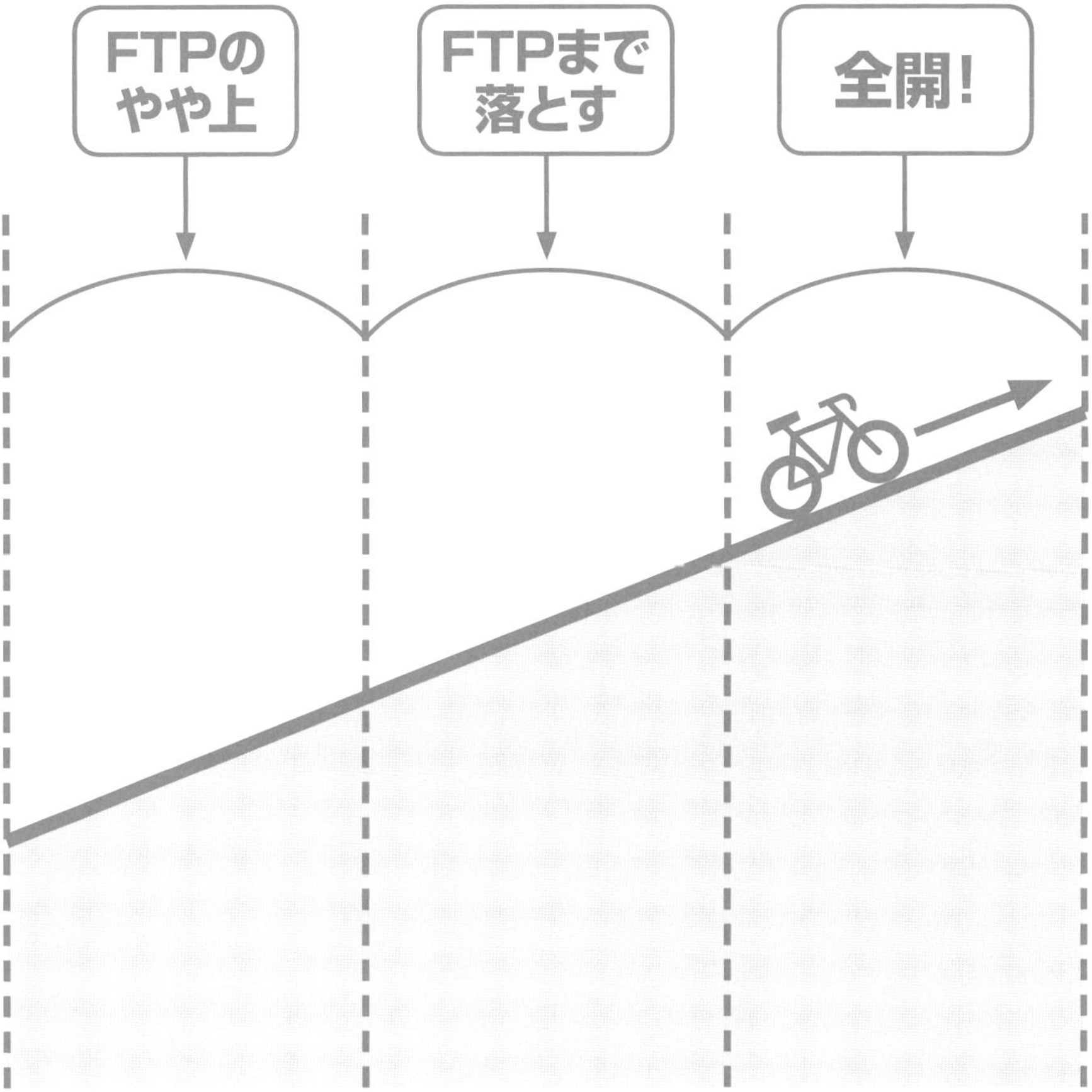


短い峠は最初から突っ込んでいき、最後だけもがく。長い峠は序盤は抑え、やはり最後にもがく

**アドバイス** 平均パワーがＦＴＰをはっきり超える峠なら、序盤から突っ込んでいいと思います。ただ、パワーメーターの有無でペースの管理法は変わります。

# ヒルクライムではクランクを変える

## ◎短いクランクはメリットが多い

ロードレースにも参戦する兼松さんは、ヒルクライムとロードレースとでクランク長を変えている。

「ロードレースでは172・5㎜のクランクを使っていますが、ヒルクライムでは167・5㎜なんです」

つまり、ヒルクライムのほうが5㎜短いことになる。なぜ短くしているのだろうか？

「その問いは逆かもしれません。むしろ『なぜロードレースではクランクを長くしているのか』と言ったほうが正しい。というのも、クランクは基本的に短いほうが走りやすいからです」

兼松さんによると、短いクランクには「回しやすい」「エアロな姿勢がとれる」といったメリットが多いという。

「股関節の動きが小さくて済むからでしょうね。回しやすいし、回転が軽く感じます。エアロフォームを取りやすくもなります」

かつては170㎜のクランクを使っていた兼松さんが167・5㎜にしたのも、回しやすいからだ。

では、なぜロードレースでは長いクランクを使っているのだろうか？

「トルクをかけたいからです。上りでは重力によって後ろに引っ張られるので自然とペダルにトルクがかかるんですが、平地はそれがないためトルクをかけにくい。だからクランクを長くし、ペダルを踏める距離を延ばすことでトルクをかけているんです」

トルクのかけやすさという観点では、平地よりも上りのほうが楽だということになる。ヒルクライムをメインにするなら、短いクランクを試す手もありそうだ。

**ポイント**

- ◉ ショートクランクは回しやすいがトルクをかけにくい
- ◉ トルクをかけやすい上りではショートクランクが有利

# 重力によって引っ張られる

重力で後ろに引かれる上りでは、平地よりもペダルにトルクをかけやすい

**アドバイス** クランクの長さを変えたのは2016年でしたが、違いははっきりとわかりました。行き詰っている方は、クランクの長さを変えてみる手もあると思います。

# 兼松大和さんのトレーニング

## ◎ロードレースを視野に距離を伸ばした

ロードレースに照準を合わせている近年の兼松さんはトレーニング量を増やしている。

「土日が休みになることが多いのですが、休日は距離にして150㎞ほど、獲得標高にして2000mほど走ります」

ロードレースを意識した、山岳込みの長距離トレーニングだ。加えて、通勤を利用したトレーニングも行っている。職場までは片道20㎞ほどだが、少し遠回りをして45㎞〜50㎞ほど走る。

「雨以外の日は毎日走っています。内容は脚の調子によって変えていますが、脚がフレッシュなら短い峠で3分から10分くらいのもがき。疲れがあったら流します。もがくのは週2回くらいですね」

職場で着る服はあらかじめ置いてあるため、通勤時はザックは背負わない。普段のトレーニングと同じ状態で走れるのだ。

月あたりの走行距離は2000㎞ほど。かつてよりもかなり増えている。

だが、ここまで走るようになったのは最近だ。トレーニングをはじめたころの兼松さんは、平日の通勤を利用したトレーニングのみ行い、週末はロードバイクに乗らなかった。

「フットサルとかスノーボードとか、他にも趣味がたくさんあったからです。自転車はあくまで趣味のひとつでした」

月間走行距離は600〜800㎞程度。それでも強くなれたのは、比較的高い強度で走っていたからだと兼松さんは考えている。

しかしロードレースのウェイトを増やしていくにつれ、トレーニング量はだんだんと増えていき、現在に至る。

現在の兼松さんの最大の目標はツール・ド・おきなわだ。通勤ライド出身のホビーレーサーは、どこまで強くなれるか。

**ポイント**

◎ ロードレースを視野に入れてトレーニング量を増やした

◎ もともとは、通勤ライドだけで速くなった

## 兼松大和さんの一週間

| | |
|---|---|
| 月曜日 | 通勤ライド。45㎞～50㎞ほど |
| 火曜日 | 通勤ライド。フレッシュな日は峠で高強度 |
| 水曜日 | 通勤ライド。45㎞～50㎞ほど |
| 木曜日 | 通勤ライド。45㎞～50㎞ほど |
| 金曜日 | 通勤ライド。45㎞～50㎞ほど |
| 土曜日 | 山岳込みで150㎞ほど |
| 日曜日 | 山岳込みで150㎞ほど |

**アドバイス** トレーニングを始めたころは、通勤ライドだけがトレーニングでした。中程度の強度だったこともあり、通勤ライドだけでもある程度は速くなれましたね。

## Column ❺

# 多趣味

兼松さんは趣味が多かった。ロードバイクに出会ってからも週末しかトレーニングをしなかったのは、他に趣味があるからだ。フットサル、スノーボード、家庭菜園……。

今も毎朝早朝に起きて、自宅の畑の手入れを欠かさず続けている。多くの職員を抱える立場にある仕事も、もちろん手は抜けない。始業は朝の8時過ぎだが、終業時刻は22時を回ってしまう。そんな忙しい毎日のかたわら、ヒルクライムのトレーニングを続けてきた。

だが2017年にMt.富士ヒルクライムを制してクライマーとしてのひとつの頂点を極めた兼松さんは、ロードレースに軸足を移しはじめた。と同時に、週末の時間もトレーニングに費やすようになった。今の目標は、やはりツール・ド・おきなわだ。

クライマーからロードレーサーへと生まれ変わった兼松さんは、どのような走りを見せてくれるのだろうか？

file 06

# 嘉瀬峻介さん

KASE SYUNSUKE

**主要獲得タイトル**

2018　マウンテンサイクリングin乗鞍／4位
2019　ツール・ド・美ヶ原／3位
　　　マウンテンサイクリングin乗鞍／5位

# ダイナミックなヒルクライム

## ◎ がっしり目の体格

2018年の乗鞍ヒルクライムで4位に入るなど主要ヒルクライムレースでしばしば上位に食い込む嘉瀬峻介さん。2020年に大学院を修了したばかりだが、すでにヒルクライムレースでは存在感を築いている。

そんな嘉瀬さんは、大学の学部生のころはトライアスリートだったが、自転車競技に興味を持ち、徐々にヒルクライムに軸足を移していく。

「今思えばですが、トライアスロンの練習中に坂に出くわすと、もがいたりしていましたね」

2016年の榛名山ヒルクライム、蔵王ヒルクライムではやくも優勝（いずれもエキスパートクラス）。2017年にはMt.富士ヒルクライム主催者選抜クラスで6位となり、蔵王ヒルクライムも連覇した。大学院からはヒルクライムに狙いをさだめ、乗鞍でも上位に入るようになった。

急速に強くなっている嘉瀬さんだが、ヒルクライマーには珍しいがっしりとした体格が特徴だ。

「身長162㎝で、体重は56㎏です。筋肉がついているのはトライアスロンをやっていたからかな？　体重が増えやすい体質ではありますね」

数年で結果を出しはじめたが、フォームも特徴的だ。

「よく周りに『ダイナミックだね』などと言われるんですが、シッティングでもペダリングにあわせて上半身を含めた全身を使うのが特徴だと思います」

くるくるとペダルを回すペダリングとは対照的な力強いフォームが特徴の嘉瀬さん。全身を使うヒルクライムとは、どのようなものだろうか？

**ポイント**

- ◉ トライアスロン出身で、筋肉質
- ◉ 上半身を含む、全身を使ったフォームが特徴

# がっしりした体格が特徴

2019年の乗鞍ヒルクライムにて。5位に入った

**アドバイス** ヒルクライマーとしては珍しい体型だと思いますが、それをペダリングに活かすことはできています。

# 全身を使うペダリング

## ◎左右のペダルに体重を乗せる

嘉瀬さんのペダリングは、豪快に左右に揺れるフォームが特徴だ。

「ペダリングに合わせて、左右にひねるように体を動かす感じですね。体重を乗せてペダルを踏むためです。ただ、腕にはそれほど力を入れません」

サドルに座って脚だけを回すのではなく、右、左と、踏むペダルに体重をかける嘉瀬さんのシッティング。ダンシングに近いシッティングだと表現してもよさそうだ。

## ◎バイクも左右に倒れる

実際、嘉瀬さんのシッティングでは、ペダリングに合わせてバイクが左右に倒れていることがわかる。まるでダンシングのようだ。

「右のペダルを踏むときは、体重をペダルにかけるためにバイクの右側に重心を移します。ただ、お尻を右に移動させるのではなく、体をひねると言ったほうが正確だと思います。同時に、バイクは左に倒れます」

したがって、左のペダルを踏み下ろすときは、正面から見ると「く」の字のようなシルエットになる。右のペダルを踏むときはその逆だ。そのくねくねとした動きを繰り返しながらペダリングをすることになる。

「ペダルに体重を乗せられている実感はありますね。だから体の重心はBBの上というより、踏むペダルの上を交互に移動するイメージです」

注意しなければいけないのは、腕の力で左右にバイクを倒しているのではない点。バイクは体重移動によって自然に倒れる。

「厳密にいうと、バイクは微妙に蛇行してはいると思います。ただ、僕がヒルクライムでパワーを出すには向いているフォームです」

**ポイント**

- ◎ペダリングに合わせて体重を左右に移動させる
- ◎バイクもペダリングに合わせ、交互に左右に倒れる

# 重心をペダルの上に置く

ペダルに左右交互に体重をかけると、バイクと体が「く」の字を描く

アドバイス お尻は動かさず、体重移動だけでペダルに体重を乗せるのがポイントです。

# トルクが抜けない三角ペダリング

## ◎ 長くトルクがかけられる

嘉瀬さんのシッティングは上体を使うだけではなく、脚の使い方にも特徴がある。

「トルクを長くかけるんです。踏み足だけでなく引き足も使い、両足で常に推進力を生み続けている感じです。特に勾配が厳しい場所では、引き足も使わないと加速にムラが生じるなど無駄が多いと思います」

嘉瀬さんは自分のペダリングを「三角形」だと表現する。

「2時くらいからトルクをかけはじめ、次に6時付近で後ろに引いて、8時くらいからは引き足を使う。つまり踏んで、引いて、引き上げてという三角形なんです」

注目すべきは、下死点付近でも、足を後ろに引くことでトルクを生んでいることだ。

「『トルクをかけらない場所以外ではトルクをかける』というコンセプトなので、下死点でも足を引いてトルクをかけています」

だがそんな嘉瀬さんでもトルクをかけられない場所がある。それが上死点だ。

「もし上死点でトルクをかけるなら、膝関節を伸展させることで足を前に蹴りだすことになりますが、そもそも構造的にその動きはしにくいですよね。それに、もし前に向けて蹴りだしたとしても、足首があるのでトルクが抜けてしまう。無駄が多いと思います」

したがって嘉瀬さんは、上死点付近でトルクをかけることは諦めている。

「下死点では、後ろに引っ張れば足首はついてきます。トルクの抜けはありません」

たしかに、足首に着目すると、上死点よりも下死点のほうがトルクをかけやすいことになる。忘れられがちな下死点付近の動きを意識してもいいだろう。

**ポイント**

- ◎ できるだけ長くトルクをかけ続ける
- ◎ 上死点付近ではトルクをかけにくいが、下死点ではかけられる

# 三角形のペダリング

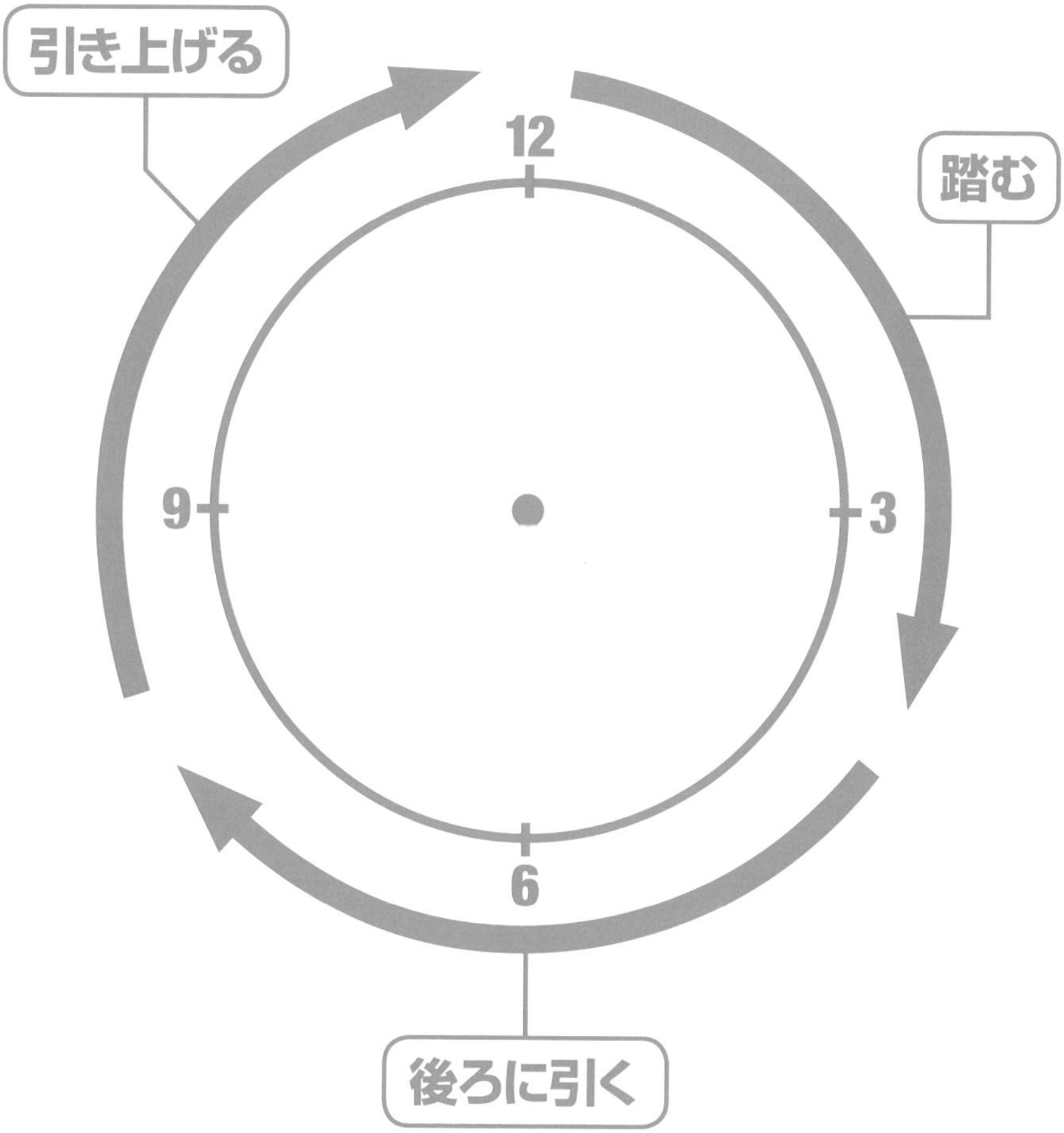


**上死点付近を除く場所で、すべてトルクをかける**

**アドバイス** 三角形のペダリングは、ヒルクライムに特化したペダリングかもしれませんが、効果的です。

# ペダリングは自動的に変わる

## ◎後ろに座れば回すペダリングに

嘉瀬さんは比較的前乗りのポジションで走っているが、サドルの上でお尻の位置を変えることもある。

「ペースが比較的落ち着いているときは、サドルの後ろに座ります。通常の自分は前乗りで『踏む』ペダリングなので、後ろに座って『回す』ペダリングに変えるだけでかなり休めます。ダンシングで休むのに似ていますね」

ポイントは、ペダリングを意識して変えなくても、座る位置を変えれば自動的にペダリングも変わる点だ。

「サドルの後ろに座ると、腿の前側の四頭筋が使いにくくなるので裏側のハムストリングを主に使うことになり、**自然とペダリングも回すものに変わるんです**」

座る位置を変えにくいショートサドルが増えて

いるが、脚を休めることを考えると、あまり向いていないかもしれない。

## ◎シッティングに近いダンシング

嘉瀬さんのダンシングは、「シッティングに近い」のが特徴だという。

「脚を休めたいときと傾斜がきついときはダンシングを使いますが、僕はもともと前乗りなので、ダンシングがシッティングに近いんですよね」

シッティングでサドルの前に座っているということは、腰を浮かすダンシングとのフォームの差が小さいということになる。実際、ペダリングもシッティングのそれに似ているという。

「シッティングのように三角形というわけではありませんが、両足で同時に、踏んで、引いてを繰り返すペダリングです。下死点まで思いっきり踏んでいるのでロスはあるかもしれません」

**ポイント**

- ◎ サドルの後ろに座るとハムストリングを使うペダリングに変わる
- ◎ 前座りだと、シッティングとダンシングが近い

# 後ろに座るとハムストリングが主役になる

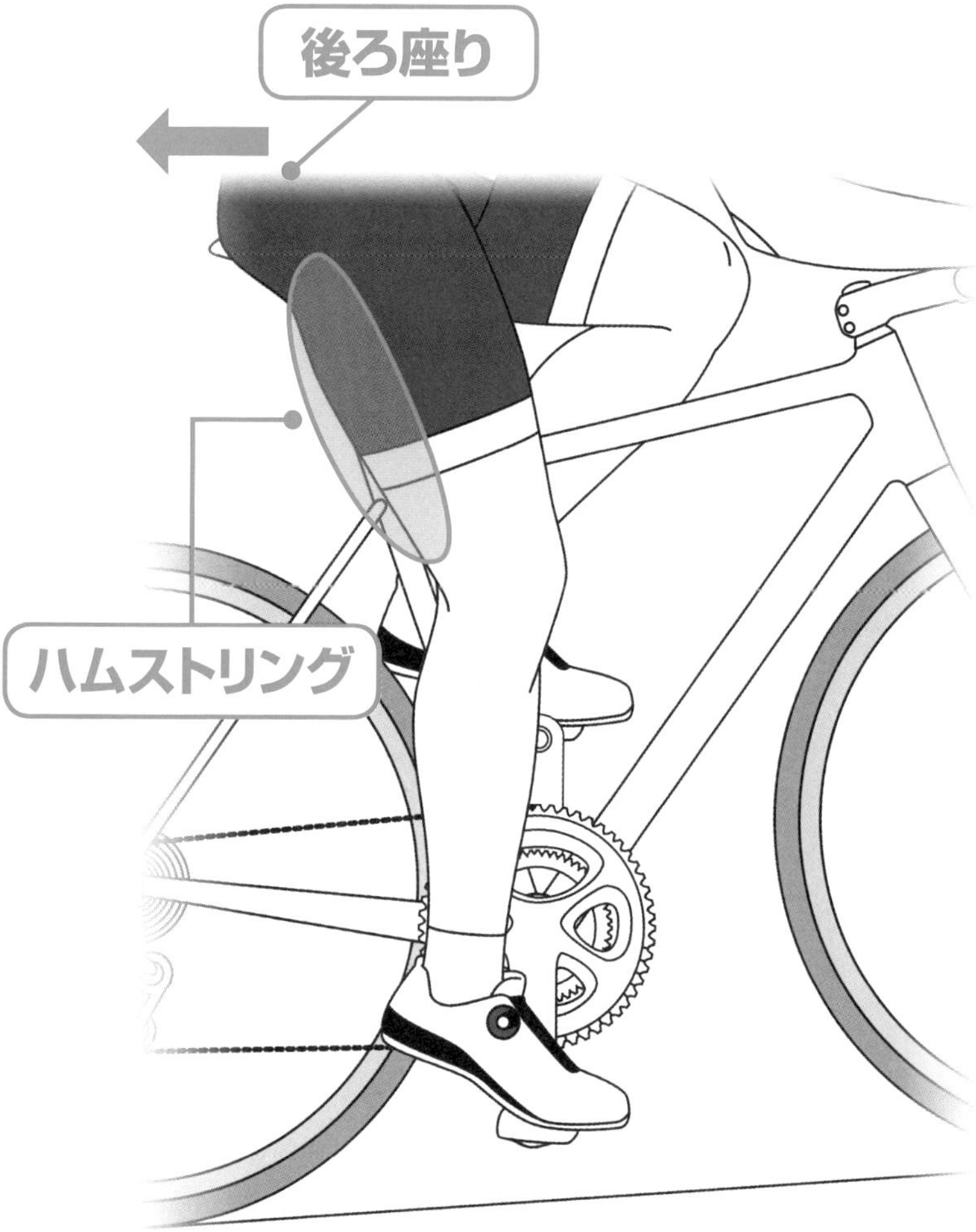


サドルの後ろに座ると腿の裏側のハムストリングを主に使うことになる。自動的にペダリングも「回す」ものに変わる

**アドバイス** それほどダンシングに自信があるわけではありませんが、ダンシングを使う場面はやはりあります。

# 体力は序盤に投入する

## ◎最初に力を使えば考えなくていい

TTでの嘉瀬さんのペース配分は、「尻上がり」の正反対だ。序盤がもっともパワーが大きく、ゴールに近づくほどパワーが落ちる「尻下がり」になっている。

「TTでは力を後半にとっておくより、最初に投入してしまったほうがペース配分を考えなくていいから楽なんですよ。それに、後半苦しくなってからペースを上げるのが好きではないんです。最初に突っ込んで、あとは耐えたほうが簡単ですね」

実際、嘉瀬さんのパワーデータは綺麗な「尻下がり」になっている。

ベストタイムが8分半程度だという行きつけの峠のパワーデータを見ると、450W近いパワーで上りはじめ、徐々にパワーが落ちていき、最終的な平均パワーは360W前後に落ち着く。1分あたり10W以上落ちる計算だ。

「『尻上がり』が一般的だと言われていることは知っているんですが、自分的には難しいんです。だから最初から突っ込みますね」

## ◎あえてペースを上げ下げする

嘉瀬さんはタイムトライアルでもペースの上げ下げを避けない。上げ下げをしたほうが速いと感じるからだ。

「激坂が出てきたら、一時的にガッとパワーを出してクリアしてしまいます。急なコーナーでも勾配がきついイン側を走りますね。一時的にパワーを出してクリアしたほうが楽なんです」

嘉瀬さんがペースの上げ下げを避けないのは、日常的なトレーニングでも短時間・高強度メニューが多いからかもしれない。

ただし、嘉瀬さんから見ても一定ペースで走ったほうが速い人も多いという。自分の脚質を見極めることが大切だ。

**ポイント**

- ◎ 最初に力を使う「尻下がり」のペース配分だと考えなくていいので楽
- ◎ TTでもペースの上げ下げを恐れず走る

# 序盤に体力を投入する「尻下がり」ペース配分

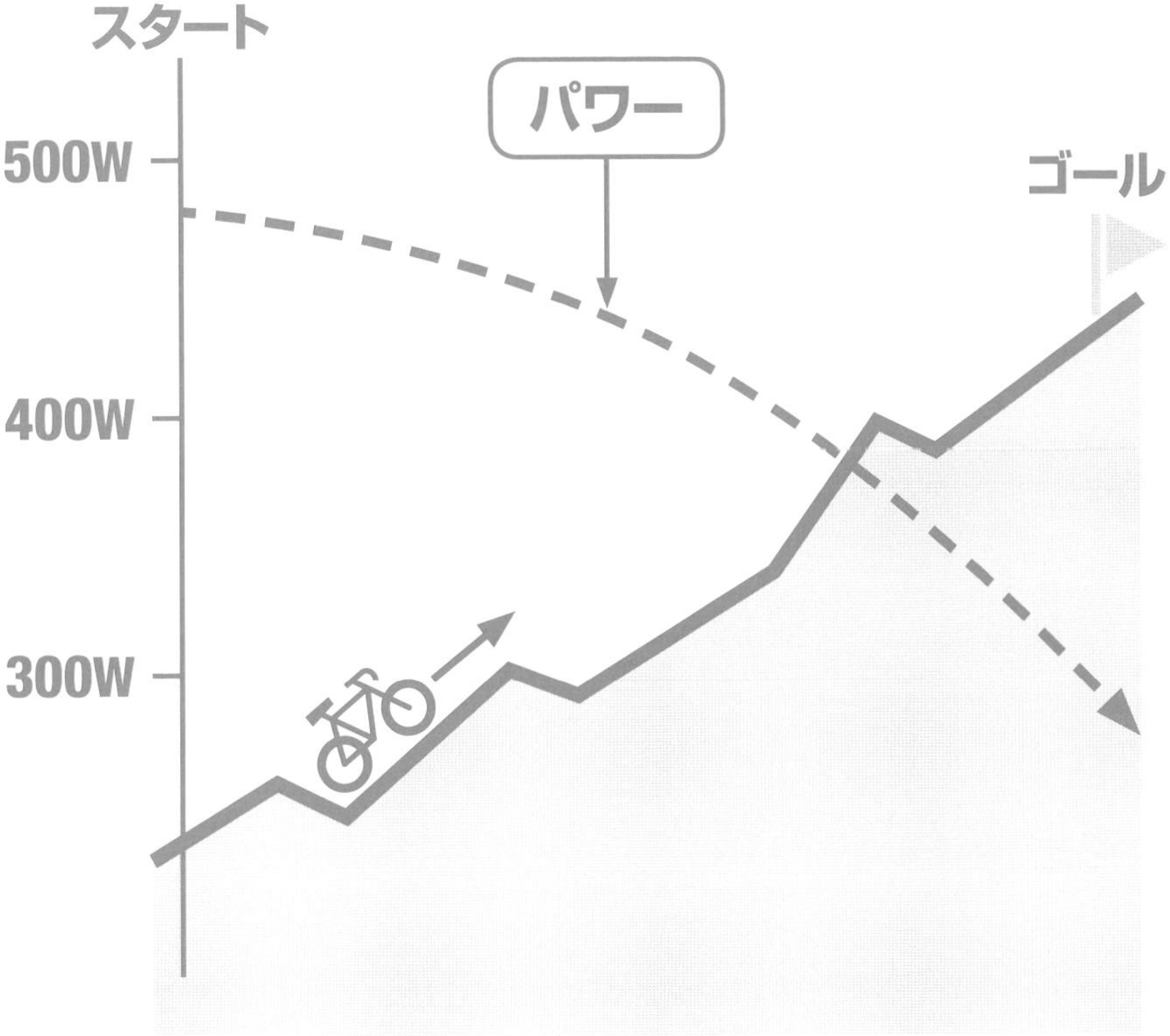


序盤にもっとも力を使う「尻下がり」。ペース配分に頭を悩ませなくてよいのがメリットだ

アドバイス ペースの上げ下げをするかどうかは、ヒルクライマーの間でも大きな差があるようです。僕のやり方が正解ということではありません。

# 嘉瀬峻介さんのトレーニング

## ◎短時間トレーニングが多い

嘉瀬さんのトレーニングの特徴は、短時間のトレーニングが多いことだ。ヒルクライムに特化したトレーニング内容だともいえる。

「平日はローラー台でのトレーニングが多いですね。1時間以内であることは共通していますが、内容は気分によってまちまち。10分〜20分くらいは強度を上げることが多いですが、たまに『クリスクロス』をしたり、調子が上がらない日は20分くらい脚を回して終えることもあります」

ただし、ローラー台にはほぼ毎日乗っている。ローラー台でのトレーニングは夜が多いが、たまに朝、15分ほどの峠を含む30kmほどを走ることもある。

週末は、峠を含むロングライドが多い。ただし、距離は長くても土日の二日で200kmほど。特に暑い時期は距離が短くなる傾向があるという。

「夏は暑くてしんどいので、100kmいかないことが多いですね」

月間走行距離はローラー台を含めても600km〜1500kmほど。さらに、毎年冬のオフはほぼ完全に自転車を断つ。トレーニング量は少ないほうだといえそうだ。

## ◎レース前は距離を短くする

狙うヒルクライムレースの前ほど、週末のトレーニングの距離は短くなるという。

「距離を一度伸ばすと、なんというか、リズムが崩れるんです。疲労のツボに入ってしまう感じで、疲れが後を引くんですね。だから本番前はトレーニングも本番に合わせて短くします」

ヒルクライムレースは距離が短く、強度が高いため、レース前のロングライドは調子を狂わせるということだ。ヒルクライムに強くフォーカスした、嘉瀬さんらしいトレーニングプランだ。

**ポイント**

◎ 調子が狂うため、ヒルクライム前にロングライドはしない

◎ レース前はトレーニング距離を短くする

## 嘉瀬峻介さんの一週間

| | |
|---|---|
| 月曜日 | 夜、ローラー台で1時間以内 |
| 火曜日 | ローラー台。内容は調子次第 |
| 水曜日 | 夜にローラー台トレーニング |
| 木曜日 | 夜にローラー台トレーニング |
| 金曜日 | 夜にローラー台トレーニング |
| 土曜日 | 山岳を含むロングライド。<br>〜100㎞ほど |
| 日曜日 | ロングライド。<br>レース前は距離を短くする |

**アドバイス** トレーニング量は少ないほうだとは思いますが、短時間トレーニングが多い点ではヒルクライムに特化しています。

## Column ❻

# ピーキング

嘉瀬さんの冬場の練習量は極端に少ない。特に12月や1月は月間走行距離が200㎞を下回ることさえある。

冬場の練習量が少ない第一の理由は、雪だ。嘉瀬さんは雪の多い山形県に住んでいたため、冬は外での練習ができない。もちろん屋内練習という手はあるが、嘉瀬さんは中途半端を嫌う。思い切ってオフにするほうを選んだのだ。

オフは体重を気にせず好きなものを食べ、体重は7kg近く増える。特にラーメンがお気に入りだという。

オン・オフをはっきりさせるということは、オンには全力を注ぐという意味でもあり、夏場の練習量は月に1500㎞を超えることもある。もっと多く練習している選手は少なくないが、冬場との落差の大きさならばトップレベルだろう。

自由にスケジュールを組み立てられるホビーレーサーは、モチベーションの保ち方が大きな課題になる。嘉瀬さんのようにオフは思いきり羽根を伸ばすのもよさそうだ。

file 07

# 大野拓也さん

TAKUYA OHNO

**主要獲得タイトル**

2018　Mt.富士ヒルクライム／7位
2019　マウンテンサイクリングin乗鞍／7位
　　　Mt.富士ヒルクライム／5位

# ヒルクライムレースの「逃げ屋」

## ◎集団内はストレス

主要ヒルクライムレースで、しばしば逃げる姿が見られる大野拓也さん。ヒルクライムレースでは珍しいが、レース開始早々アタックを決め、一人逃げを決めることが多い。

ヒルクライムレースらしからぬ「逃げ屋」のスタイルを貫くのはなぜだろうか？

「集団がお見合いになってくれれば逃げきれるかなと思いまして……。あと、集団内では疲れてしまうこともあります」

密集する集団内で走ることにストレスを感じるため、あえて抜け出すということだ。

逃げは脚を使うイメージがあるが、大野さんによるとヒルクライムレースではそうでもないという。

「ヒルクライムはロードレースよりも低速なので、独走することのデメリットが小さいんです」

独走が不利なのは、空気抵抗により消耗するからだ。しかし比較的低速で走るヒルクライムなら、そもそも空気抵抗の占めるウェイトが大きくないということだ。

２０１９年の榛名山ヒルクライム（ハルヒル）では、そのアグレッシブな走りが実を結び、エキスパート部門で加藤大貴さんに次ぐ2位に入った。

ただし、独走中は空力も意識するという。

「スピード域は低いですが、低い姿勢にして空気抵抗を下げるようにはしています。一人逃げだと自分のペースで走れますから、フォームにも集中できるんです」

個性的な走りで上位をうかがう大野さんの走りとは？

**ポイント**

- ◉ ヒルクライムでは独走のデメリットが平地より小さい
- ◉ 独走ならば自分のペースで走れる

# ヒルクライムで逃げる

2019年のMt.富士ヒルクライムで独走する。独走することにはメリットも多いという

アドバイス　レースに動きがあったほうがいいかな、と思うのも逃げる理由です。目立つこともできますしね(笑)。

# サドルの上でダンシングする

## ◎ 強度で走りかたが変わる

逃げ屋である大野さんだが、常に一定ペースで走っているわけではない。強度によってフォームは変わるという。

「一人で淡々と逃げているようなシチュエーションでは、サドルの後ろの方に座り、ハムストリングを使って走ります。それが、**強度が上がるにつれてお尻の位置が前に移動し**、最終的には全身でバタバタとペダルを踏む感じになってしまいますね」

また大野さんは、最近、高強度でのペダリングには上半身も使いはじめたという。

「前は、できるだけ上体を動かさないように意識していたんですが、最近はハイペースで走るときには上体も使うようになりました。短い時間ですけどね」

高強度でのシッティングは、大野さんによると「サドルの上でダンシング」をするようなものだという。

「サドルの先端に少しお尻を乗せるだけで、ペダルの上に立ってペダリングするような感じです」

同時に、強度が上がると上半身も使うようになる。

「**上体の力もある程度使い、バイクを左右に倒します**。倒すのは、ペダルに体重をかけやすくするためですね。右のペダルを踏み下ろすときはバイクは左に倒れ、左のペダルを踏むときはバイクは右に倒れます」

上体でバイクを左右に倒す動きも、ダンシングにとても近い。「サドルの上でのダンシング」という大野さんの表現は非常に正確だといえる。

大野さんはケイデンスが落ちることを嫌ってあまりダンシングを使わないが、それもシッティングがダンシングに近いためかもしれない。

**ポイント**

- ◎ 強度によってフォームが変わる
- ◎ 上半身も使いペダルに体重をかける、ダンシングのようなシッティング

# サドルの上でのダンシング

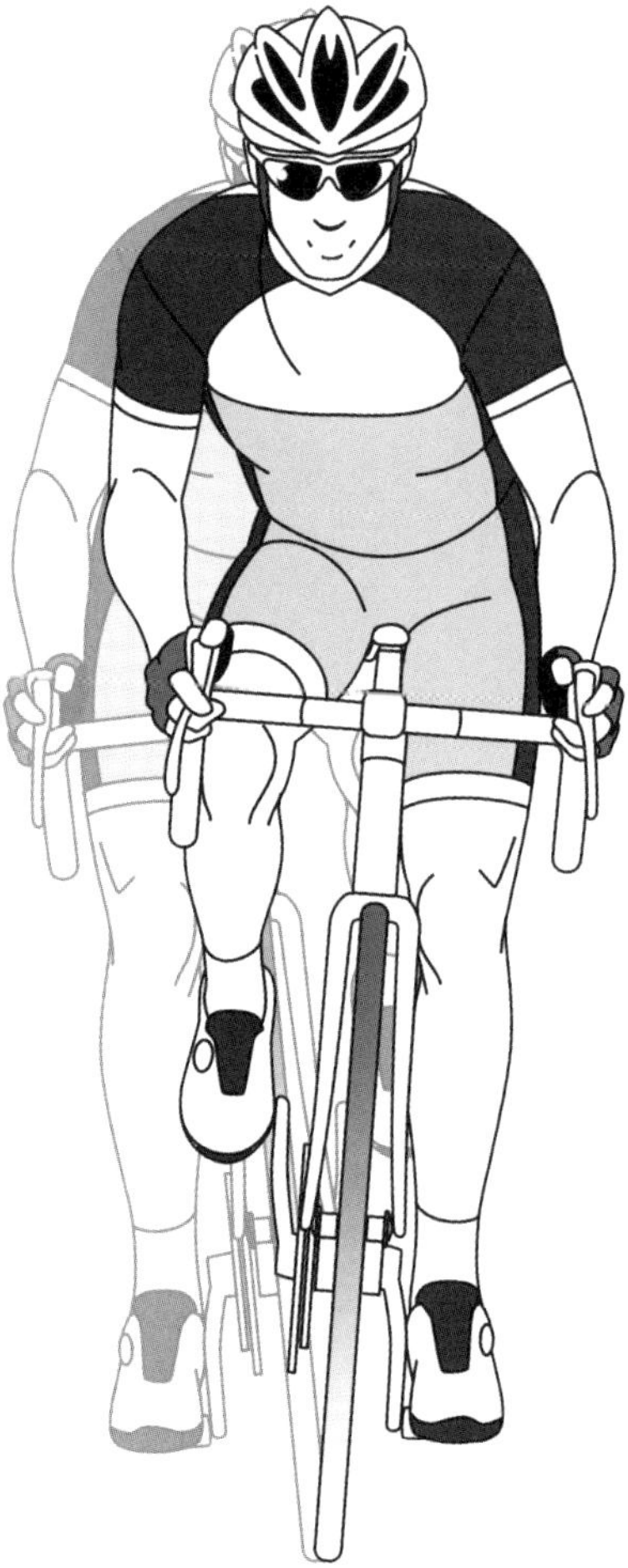

高強度ではサドルの先端に座り、上体を使ってバイクを左右に倒しながらペダリングする。シッティングではあるが、ダンシングに近いフォームだ

アドバイス 「サドルの上でのダンシング」は長時間続けられるフォームではありませんが、パワーを出すためには効果的です。

# 慣れた峠はハイペースで入る

## ◎ 知っている峠はペース配分がしやすい

大野さんのタイムアタックでの走り方は、大きく2つに分かれる。走り慣れた峠と、そうでない峠だ。

「よく行く11分くらいの峠では、最初からFTPよりも高いパワーで入り、そのまま『ちょっときついかな』くらいのペースを維持して粘り、最後にはペースを上げて出し切って終えます」

ただし、この走り方はコースを熟知していなければオーバーペースに陥るリスクがあるという。ギリギリのペースを維持するためには、コースを知り尽くしていなければいけないからだ。

「慣れていない峠なら、余裕を持ったまま上って最後に出し切る『尻上がり』がいいと思いますよ。ただ、ギリギリのペースで走ったほうがタイムはいいはずなので、タイムアタックのコツはなんども試走をしてペース配分を体にしみ込ませることだとも言えます。同じように、レースでも試走は必須だと思いますよ」

## ◎ 逃げるためのポジショニング

大野さんのバイクのポジショニングは、クライマーらしい前乗りのポジションになっているが、少し前に傾いたブラケットの位置が特徴的だ。

コラムスペーサーを積んでいるのでハンドル位置そのものは決して低くないが、ブラケットの位置だけ低めになっている。

「ハンドル位置が高いのは普段のシッティングで楽なフォームをとりたいからですが、ブラケットが前傾しているのは、逃げるときにはこのほうがエアロなフォームをとりやすいからです」

近年のコンポーネントではたまに見られる前傾したブラケット。試す価値はありそうだ。

**ポイント**

- ◎ 知っている峠なら高めの強度で、知らない峠は尻上がりで走る
- ◎ ブラケットを送るとエアロフォームをとりやすい

# 前傾したブラケット

ハンドルの位置は比較的高いが、ブラケットが前傾して付けられているため、ブラケット位置は意外と低い

アドバイス 勾配がきつい場所でもあまりダンシングはせず、「サドルの上でのダンシング」でしのぎます。ダンシングをするとケイデンスが変わり、走りのリズムが乱れるからです。

# 大野拓也さんのトレーニング

## ◎長い峠が近くにない

大野さんが住んでいる千葉県北西部は、高い山がほとんどない。ヒルクライマーにとっては悩ましい環境だ。

「近所にはせいぜい、2、3分で上れてしまう小さな上りしかありません。だから普段の練習では、そこを全開で上っています」

ローラー台でのトレーニングをしない大野さんにとって、平日のトレーニングは自転車通勤。職場まで直行すると5㎞程度しかないので、遠回りをすることが多い。

「それでも30㎞か、40㎞程度ですね。短い坂をいくつか走り、そこで強度を上げる走りです」

休日は長めに走るが、峠が近所にないため、平日のトレーニングとは大きく変わらないという。

「短いと70㎞くらいです。やっていることは平日とあまり変わりませんね。丘で全開走をし、あとは軽く流す感じです」

そんな大野さんにとっての特別なトレーニングが、片道75㎞ある筑波山への往復150㎞だ。多くても月に2、3回だというので、頻繁に行うトレーニングではないが、筑波山でのヒルクライムができる。

「筑波山も11分くらいで上れてしまうので決して長くはないのですが、僕にとってほぼ唯一のヒルクライムらしいヒルクライムです」

月間走行距離は、長くても1000㎞。強豪ヒルクライマーとしてはかなり短いほうだと言えるだろう。

それでも結果を出しているのは、2～3分の短い坂での全開走に効果があるからかもしれない。短い上りは、レースでも経験できないくらいの高強度走になるという。

**ポイント**

◉ 上りのトレーニングは短い坂の全開走のみ
◉ 超高強度での短い上りがヒルクライムの能力アップにつながっている？

# 大野拓也さんの一週間

| | |
|---|---|
| 月曜日 | 通勤ライドを30～40㎞ほど。 |
| 火曜日 | 通勤ライド。途中の短い坂で全開走 |
| 水曜日 | 通勤ライド。途中の短い坂で全開走 |
| 木曜日 | 通勤ライド。途中の短い坂で全開走 |
| 金曜日 | 通勤ライド。途中の短い坂で全開走 |
| 休日 | 70㎞～100㎞ほど。<br>内容は平日と変わらない |
| 休日 | 月1～3回ほど、<br>筑波山まで150㎞を往復 |

アドバイス レースで走るような長い峠に行くことはまずありません。短い坂でも、速くなることはできるはずです。

## Column 7

# ドラマが欲しい

大野さんがしばしばヒルクライムレースらしくない逃げを試みるのは、集団に動きがないと退屈なレースになってしまうからでもあるという。

「強い人がローテーションしてばかりのレースが多いので、動きが欲しいんです。もちろん、逃げると目立てるということもありますが（笑）」。たしかに、ヒルクライムではロードレースのような激しい展開が起こることはあまりない。力のないものが順次振り落とされ、残った選手たちでの勝負になることが多いからだ。

記事で見てきたように、大野さんのポジションや短時間の全開走が多いトレーニングは、ヒルクライムでの逃げに適応したものとも言える。「ヒルクライムでの逃げ屋」大野さんのアタックが成功する日は来るのだろうか？

file 08

# 梅川 陸さん

RIKU UMEKAWA

**主要獲得タイトル**

2018　マウンテンサイクリングin乗鞍／5位
2019　マウンテンサイクリングin乗鞍／3位

# 新世代クライマー、進化中

## ◎ 20歳での乗鞍3位

19歳の若さで出場した2018年の乗鞍ヒルクライムで5位に入り、2019年大会では3位にまで駒を進めた梅川陸さん。まだ成人して間もないが、早くも次世代最強ヒルクライマーの最右翼に躍り出た。

「高校までは野球をしていたんですが、ロングライドのイベントと間違えて(笑)。ヒルクライムレースに出たことをきっかけにトレーニングをはじめました。結果が出はじめたのはそれから1年後くらいですね」

そんな梅川さんは、まだテクニックにはそれほど自信はないようだ。

「レースでは自分のペースは考えず、とにかく相手についていくだけです。それでオーバーペースになってしまったら、実力不足だと思っています」

まだ、粗削りな走りを体力でカバーしている段階なのかもしれない。

## ◎ 筋トレで変身中

だが梅川さんは、身体改造の真っ最中でもある。

「上体がブレていたので、上半身や体幹を鍛えようと思って、ジムに行きはじめたんです。トレーナーもつけて、ベンチプレスや腹筋、スクワットをやっています」

フォーム改善のための筋トレということになるが、効果のほどはどうだろうか?

「かなりあると思います。上体がブレなくなりましたし、パワーも上がりました」

21歳の次世代クライマーは、どのように進化しているのだろうか?

**ポイント**

- ◎ 20歳で乗鞍3位の、次世代クライマー
- ◎ ジムで上半身を中心に鍛え、フォームを改善中

# 20歳で乗鞍3位入賞

2019年の乗鞍ヒルクライムでは中村さん、森本さんと先頭集団を形成し、最後まで粘った

アドバイス 上体がぶれるのを抑えるために上半身が力みがちでしたが、ジムでのトレーニングによってかなり改善されました。

# 上半身を鍛える理由

## ◎上体がぶれないよう注意

梅川さんは比較的高いケイデンスで走るのが特徴だ。ホームコースにしている平均9％、距離4kmのコースを、平均80回転ほどのケイデンスで上る。

「踏むよりも回すほうが自分に合っているんです。ふくらはぎを使えるよう、クリートの位置は一番前にしています。アンクリングを防ぐために、ふくらはぎには力を入れているからです」

上半身は前傾させる。そのほうが殿筋を使えている印象があるためだ。また、体を固定するため、腕は軽くハンドルを引き付ける。

## ◎上半身のトレーニングの効果

だが梅川さんにとっての課題は上半身だった。無駄に力むことでブレてしまうのだ。

「ペダルを踏みこむときに腕に力を入れがちでした。ブラケットを引いてしまうんです。なので、ジムで上半身と体幹を鍛えて改善しようとしたんです」

ジムでの筋トレの結果は、梅川さんが思っていた以上に効果的だったようだ。

「だいぶ上体がブレなくなり、短時間のパワーも上がりました。効果は相当あったと思います」

ロードバイクのための筋トレというと下半身を鍛えるイメージがあるが、梅川さんの印象は少し異なる。

「ジムでやったトレーニングの中でも、腹筋とベンチプレスが特に効きました。ジムに通っていない人は腕立て伏せでもいいと思います」

見落とされがちな上半身の筋トレだが、フォーム改善への効果は大きそうだ。

**ポイント**

- ◉ 体のぶれをふせぐために、ジムで上半身を中心に筋トレ
- ◉ 体がブレなくなり、短時間のパワーアップなどの顕著な効果が見られた

# 上半身を鍛えてパワーアップ

腕や体幹など上半身を鍛えることで体のぶれが減り、出力も上がった

**アドバイス** 腕立て伏せやベンチプレスは、腕がロードバイクに乗っているときのフォームに近くなるので効果があると聞きましたが、実際その通りでした。

# 実際のペダルの位置は？

## ◎感覚と現実のずれに注意

梅川さんが使うパワーメーターは、ペダリングのトルクを可視化できるパイオニアの「ペダリングモニター」だ。ペダリングモニターを使うと、感覚と実際のペダリングとのずれに気づくという。

「実際のペダルの位置は、主観的な位置よりも少し先に行っているんです。僕の意識の上では12時〜1時くらいでペダルに力を加えているつもりですが、ペダリングモニターで見ると2時とか3時になっている。4時付近まで踏んだつもりでも、足は下死点に位置しているかもしれません。だから、あえて早めに踏むように心掛けています」

現実と感覚のずれを考えると、早めにペダルに力を加えるよう心がけたほうがよさそうだ。

## ◎峠の長さで走りが変わる

梅川さんがタイムアタックをするときの走り方は、峠の長さによって変わるという。

「20分以下の短い峠なら、最初から高い強度で突っ込んで最後まで我慢します。パワーはどんどん落ちますが、僕の場合、前半に抑えても後半になるとペースを上げる脚が無くなっていることが多いからです。フォームも峠の長さによって少し変わり、10分以内の本当に短い峠だと、上半身を含む全身の力を使ったほうが速いですね」

いっぽうで、20分を超える長い峠はもう少し慎重に走る。

「長い峠だと、基本的にFTPくらいで走り、後半にペースを上げるほうがいいですね。パワーメーターを見ながら、パワーが一定になるよう注意して走ります。序盤から脚を使いすぎず、節約して走るのがポイントですね」

峠が長いほど、ペース配分の難易度が上がるともいえる。

**ポイント**

- ◉ 短い峠は序盤から突っ込み、長い峠は後半にペースを上げる
- ◉ 客観的なペダルの位置と主観にはずれがある

# 感覚上のペダル位置と客観的な位置

実際のペダルの位置は、主観よりも少し進んでいることが多い

**アドバイス** 僕のペダリングは、1時前後でポンとペダルを押す「点」のペダリングです。ただ、実際にペダルに力を加えているのは2時以降だとは思います。

# 休むためのダンシング

## ◎ シッティングとケイデンスが変わらない

梅川さんは、数分に1回ほど、脚を休める意味でダンシングを挟む。時間にして10秒ほどだが、ダンシングをするとしないとでは大きな違いが出るという。

「すべてシッティングで走ろうとするとペースが維持できません。苦しくなる前から、たまにダンシングを挟むことが大事です」

普通はシッティングからダンシングに移行するときにはギアを上げ、ケイデンスを下げるが、梅川さんのダンシングの特徴はシッティングとケイデンスが変わらないことだ。

「僕のダンシングのケイデンスはシッティングと変わりませんから、ダンシングをするときにギアを重くすることはありません。むしろ軽くすることさえあります」

ダンシングでもギアを重くしないのは、脚への負担を減らすためだという。

## ◎ 体を支点に脚を引っ張る

また、梅川さんのダンシングのフォームでは、引き足を重視する。

「ダンシングだとペダルに体重がかかりますから、ペダルを踏むことは自動的にできます。だから引き足の方を意識しています。体を支点に、脚を引っ張り上げるイメージですね。ただ、腕は力みません。ハンドルに沿え、軽く左右に振る程度です」

勾配が緩い場所が現れたら、すかさず加速のために踏み込むが、梅川さんは、加速にはダンシングを使わない。

「TTでのダンシングは基本的に休むためのものですから、加速には使いません。サドルに腰を下ろしてから加速します」

「TTでのダンシングは休むためのもの」という点を徹底しているのだ。

**ポイント**

- 数分に1回、10秒ほどのダンシングで脚を休める
- ダンシングのケイデンスはシッティングと変わらない

# 体を支点に脚を引き上げる

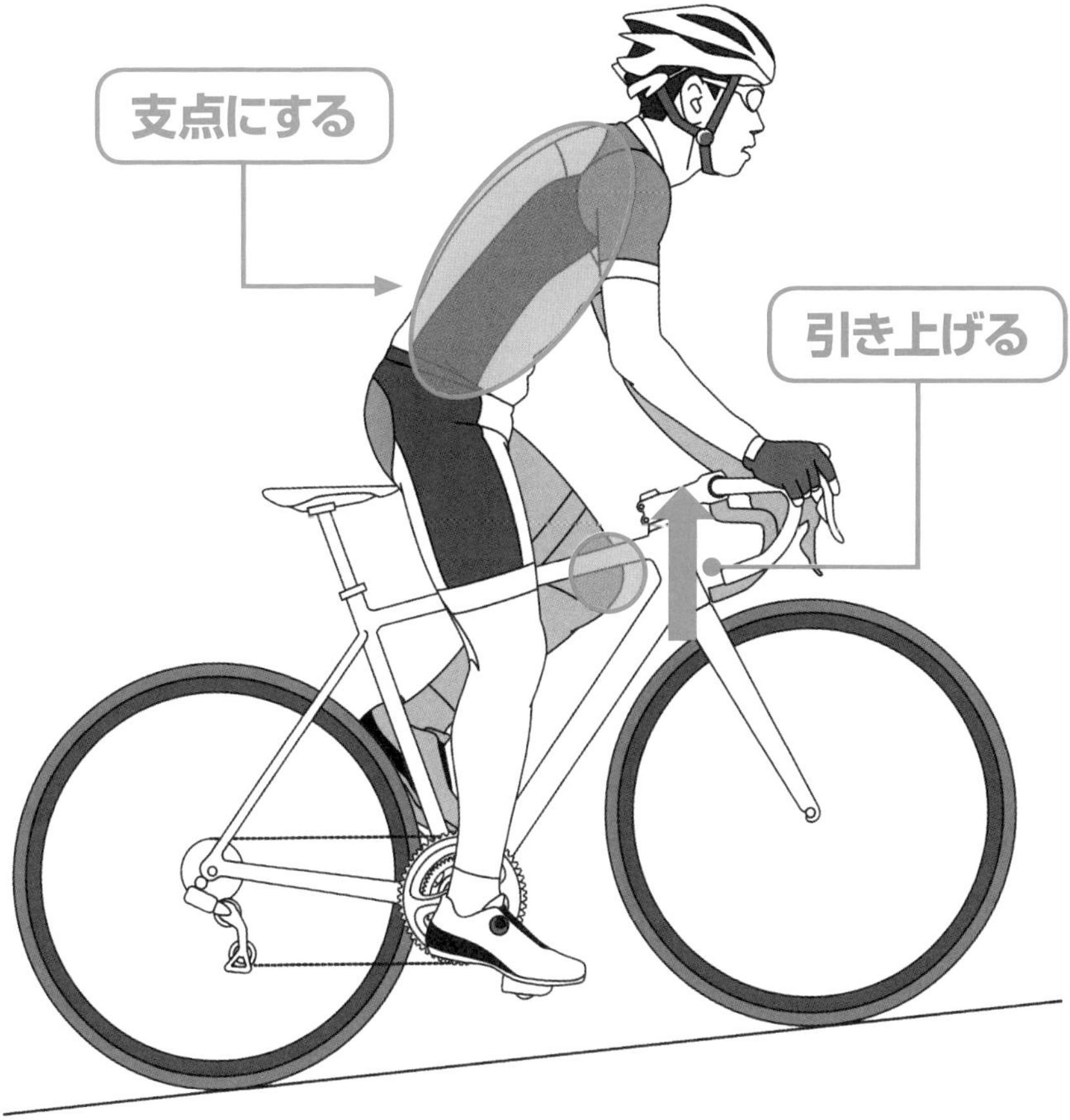


体重で自然と行える踏み足よりも、引き足を意識する。体がぶれないように注意しつつ、体を支点にして脚を引き上げる

**アドバイス** 10秒くらいのダンシングでも、後々大きな意味を持ってきます。ダンシングで脚を休ませることは大切です。

# 梅川陸さんのトレーニング

## ◎ ヒルクライムに特化したトレーニング

一時期はクリテリウムに出場したりもした梅川さんだが、現在はヒルクライムレースに特化している。

目標はもちろん、乗鞍での優勝。そのためにヒルクライムに主眼を置いたトレーニングを続けている。

「平日のトレーニングは、近場の15分くらいの峠を1、2本上ります。往復で40㎞くらいです。峠は全開で上るのですが、峠までのアクセスは街中になるので流しですね」

平日は朝か夜にトレーニングをするが、夜のほうが多い。ただしトレーニングは毎日ではなく、多くても週に3日程度だ。

週末は、実はトレーニングはしないことが多いという。ただし、自転車には乗る。

「100㎞くらいをゆっくりと走ることが多いですね。パワーゾーンでいうなら、L1。つまり低強度での流しです。トレーニングではなく趣味のサイクリングという位置づけです」

トレーニング仲間から誘われたらグループライドに参加するが、ひとりで走ることのほうが多いという。

週末にトレーニングをしないのは、モチベーションが続かないから。急激に頭角を現したわりにマイペースでもあるのが梅川さんだ。

「トレーニング量もばらつきが大きくて……。ヒルクライムレースが多い夏は2500㎞くらい走る月もありますが、冬場は500㎞も走らない月もよくあります」

他に週1回のジムでのトレーニングもしているが、成績の割にはかなり少ないトレーニング量ともいえるだろう。

「超えたいライバルは、森本さんや兼松さんたちなど30代半ばから40歳くらいの人たちですね。僕もそのくらいの年齢になっても、ヒルクライムレースに挑戦し続けたいなと思っています」

**ポイント**

◉ トレーニング量は多くなく、峠以外は強度も低い
◉ レースがない時期のトレーニング量は少ない

## 梅川陸さんの一週間

| | |
|---|---|
| 月曜日 | 休養日。平日のトレーニングは週1回〜3回程度 |
| 火曜日 | 朝か夜に近場の峠を1、2回上る。40kmほど |
| 水曜日 | 近場の峠。移動は街中になるので、流し |
| 木曜日 | 近場の峠。夜に走ることも多い |
| 金曜日 | 休養日。冬場はトレーニング量がかなり減る |
| 土曜日 | 100kmほど「サイクリング」。トレーニングではないので低強度。 |
| 日曜日 | サイクリング。誘いがかかったらグループライドに行くこともある。 |

アドバイス もっとトレーニング量を増やしたら……という気持ちもありますが、今はやれることをやっています。

## Column ❽

# 徹底した軽量化

梅川さんは軽量化に力を入れていることで知られている。

バイクを実用性を失わない限界ともいえる5kg近くまで軽量化するだけではなく、レース前は体脂肪率を3%台まで落とすなど、自分自身の軽量化にも余念がない。

そんな梅川さんのホームグラウンドの一つが、大阪府にある十三峠だ。関西ではよく知られたこの峠だが、プロ選手を含め、誰も13分を切れないことでも有名だった。

そんな「十三峠の13分の壁」を軽やかに超えたのが、梅川さんだった。2019年夏、12分50秒で上り切ったのだ。このタイムは前日本チャンピオンである山本元喜選手や入部正太郎選手を超える驚異的な記録で、もちろん日本記録だ。

十三峠の特徴は平均10%近い厳しい勾配にあるが、勾配が厳しくなるほど軽い選手が有利だとされている。梅川さんが十三峠で日本記録を出せたのも、軽量化の成果かもしれない。

# 最速のクライマーたちは、ヒルクライムをどう走っているか？

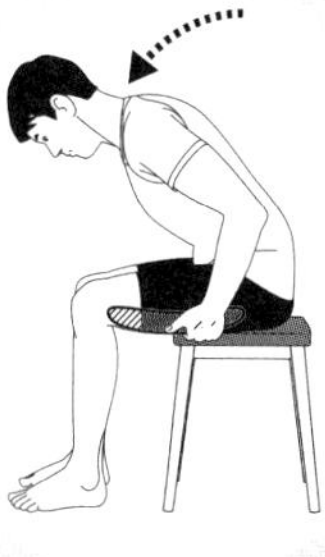

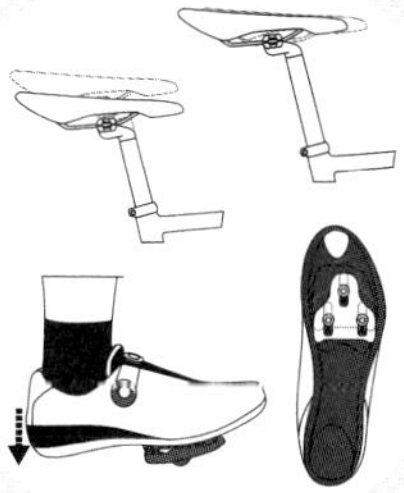

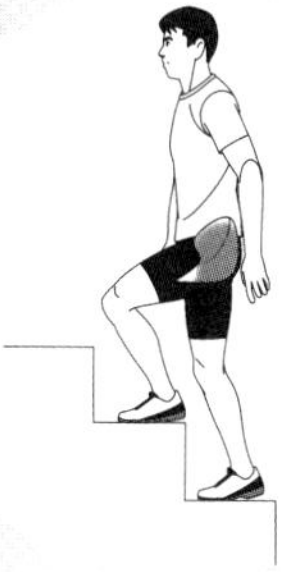

# ペダリングスキルとは？

## ◎もっとも重要なスキル

ヒルクライムのスキルでもっとも重要になるのが、シッティングでのペダリングスキルだ。ヒルクライムではほとんどの時間をシッティングで走る。

本書に登場するクライマーたちもペダリングの改善には力を注いでいる。ここでいう「改善」とは、多くのクライマーが言うように「より少ない体力で効率よく自転車を進める」という意味であり、必ずしもパワーメーターに数字として表れない点に注意したい。

具体的には、まず、下死点・上死点をスムーズに通過することがテーマになる。本書では多くのクライマーたちは下死点・上死点を通過するイメージを伝えているので、参考にしてほしい。

他には、森本誠さん（P93～）や嘉瀬峻介さん（P159～）のように、上半身を積極的に使うスタイルもある。いっぽうで加藤大貴さん（P73～）のように上半身を使わないスタイルもあるので、どれが正解というわけではなさそうだ。

ただ、上半身の筋トレでペダリングが改善したという梅川陸さん（P183～）の証言からもわかるように、上半身とペダリングが密接に関係していることも間違いなさそうだ。

## ◎追い込み過ぎはNG

どのようなペダリングを目指すのであれ、注意したいのは、フィジカルの向上を目指して追い込むトレーニングでは、スキルの向上は期待しづらいということだ。中村俊介さん（P19～）も言うように、フィジカルトレーニングとは別に、スキルアップに主眼を置いたトレーニングがあってもよさそうだ。

**ポイント**

- ◉ もっとも重要なスキルがシッティングでのペダリング
- ◉ 死点の通過をスムーズにすることと上半身の使い方が大きなテーマ

# ペダリングの「イメージ」

脚の動きや重心、上体の使い方などについて適切なイメージをつかむことがポイントだ。

**まとめ** ペダリングスキルを上げるためには、乗りこむだけではなく適切な「イメージ」をつかむ必要がある。自分に合ったイメージを探してみよう。

# 最大の壁、ダンシング

## ◎ほとんどのホビーレーサーができていない

ヒルクライムで、上級者と初・中級者を隔てていると言っても過言ではないスキルがダンシングだ。

森本さんが言うように、ホビーレーサーの多くがダンシングができていない。単にサドルから腰を上げて走るだけではなく、シッティングと同程度の負担で走れなければダンシングとは言えない。

加藤さんのように、TTだけならばダンシングは必要ないという意見もあるが、その一方で定期的にダンシングをして脚を休めるべきだという意見もある。また、ヒルクライムレースではダンシングが重要になることは間違いない。

## ◎重心と下死点

初心者がダンシングでつまづく最初のポイントが重心だ。前後のバランスがとれず、ハンドル加重になってしまう人が多い。

重心については、兼松さん（P131～）のアドバイスが参考になる。すなわち、胸骨と左右の大腿骨の中心を結んだ三角形の中心に重心が位置するというものだ。重心の位置を視覚的に理解できればバランスもとりやすくなるはずだ。

また、森本さんが強調するように、左右のバランスも忘れてはいけない。バイクを左右に振ることで重心の真下にペダルの上死点が位置するのが理想だ。さらに、森本さんが説く上体の使い方も参考になるだろう。

他に、下死点まで踏んでしまいがちな人にとっては、「水面を歩く忍者のように」という中村さんのアドバイスが効果的だろう。しかし、森本さんのように下死点をあまり意識せず、勢いで通過すべきという意見もある。

**ポイント**

- ◉ ホビーレーサーの大半がダンシングができていない
- ◉ 前後左右のバランスと下死点の通過がポイントになる

# ダンシングのバランス

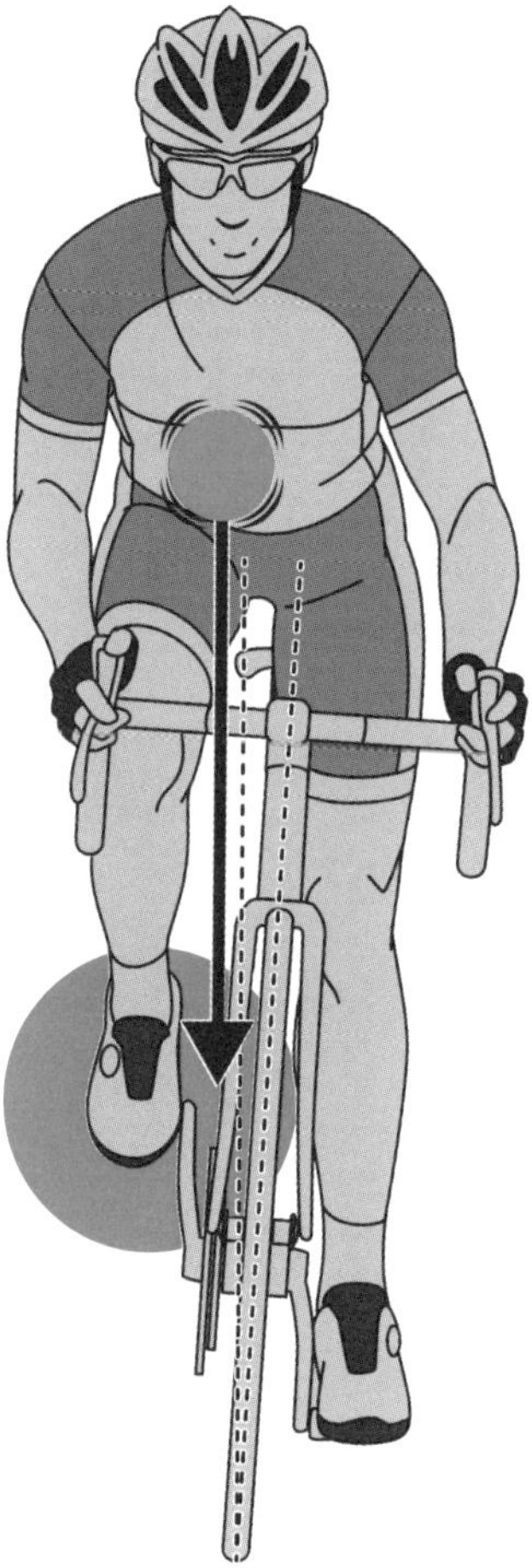

前後のバランスだけでなく、ペダリングに合わせた左右バランスも意識したい。上死点が重心の真下に来るのが理想だ

**まとめ** ダンシングでの最大のポイントが重心の位置だ。前後左右の重心の位置を意識しつつ、ペダルに体重を乗せられるダンシングを意識しよう。

# 尻上がり？ 尻下がり？

## ◎二通りのペース配分

本書の中で、やり方が大きく分かれたのがペース配分だ。徐々にペースを上げる「尻上がり」が王道とされているが、梅川さんや加瀬さんなど、序盤から全力で突っ込む「尻下がり」のほうが速いと言う選手もいる。

また、森本さんのように序盤と最後にペースを上げる「凹型」のペース配分もある。

実際は、何人かの選手が主張するように、峠の長さによって変えるのが一般的だろう。短い峠なら序盤から全開で飛ばし、そのまま耐える。長い峠なら序盤はペースを抑え、少しずつ上げていく走り方が正解だと思われる。

## ◎「ペース」の定義に注意

気を付けたいのは、「ペース」という言葉の意味だ。パワーを指す場合もあれば、主観的な強度（きつさ）を意味することもあるが、両者は異なる。

仮に一定のパワーで走るとしても、後半になるほど主観的なきつさは増大するため、パワーときつさとの関係は変化することになる。したがって、パワーは一定でも、主観的な強度では「尻上がり」ということになる。

主観的な強度とパワーとの関係については、森本さんの解説が分かりやすい。それは、上げ下げがあるパワーとは別に、主観的なきつさを一定に保つというものだ。

主観的なきつさを一定にすると、自動的にパワーベースのペース配分は凹型になる。フレッシュな序盤はパワーが大きく、それが徐々に落ちていき、しかし最後にはゴールが近いモチベーションによってふたたびパワーを上げられるからだ。

**ポイント**

- ◉ 尻上がりだけではなく、尻下がり、凹型などのペース配分がある
- ◉ 「ペース」の意味が主観的強度とパワーのどちらなのかに注意

## パワーと主観的強度の差

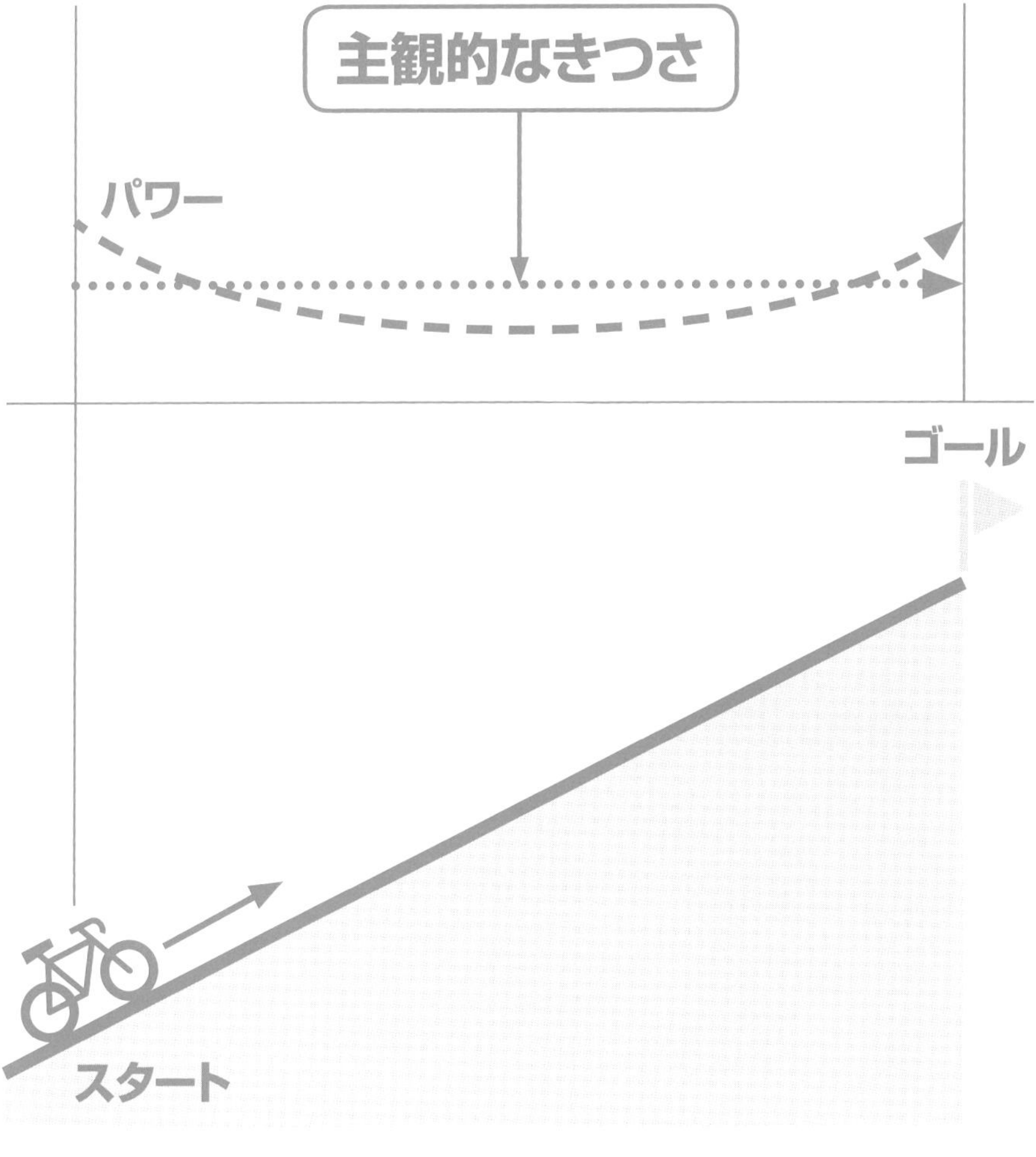


主観的なきつさを一定に保つと、パワーは自然と凹型になる

まとめ TTの場合は、狙う峠の長さによってペース配分の戦略が変わる。だが、長さを問わず、主観的な強度を一定に保つように心がければ、大きなミスはなさそうだ。

# 減速に注意する

## ◎重力で後ろに引っ張られる

多くのクライマーが意識していたのが、減速を防ぐことだ。平地と異なり、ヒルクライムでは重力によって後ろに引っ張られるため、油断するとすぐに減速してしまう。

たとえば中村さんは、ペダリングについても減速を防ぐことを重視している。ペダリングが滑らかではない人は、細かな加減速を繰り返すことになるため、非効率的な走りになってしまう。

この観点からは、常に一定のトルクをかけるペダリングが理想だということになる。ヒルクライムは、平地よりもトルクの抜けにシビアだと言うことができる。

## ◎ダンシングと変速時にも注意

また、兼松さんはシッティングからダンシング（その逆も）に移行するときに、ペダルからトルクが抜け、減速しやすいと指摘している。

シッティングからダンシングに移るときのトルクの抜けはペダルの位置によって変わる。したがって、トルクの抜けを最小限にとどめられるタイミングで腰を上げる、または下げることが必要だ。

佐々木さんは、シフトダウンするときにもトルクが抜けやすいと指摘しているが、十分にケイデンスが下がってからシフトダウンすれば防ぐことができる。

変速や腰を上げるタイミングなど、細かな点にも注意を払うことで減速を防ぎ、パワーを無駄にしない走りができる。ヒルクライムのコツは細部に宿っているのだ。

**ポイント**

◉ 重力で後ろに引っ張られるため、ヒルクライムでは減速しがち
◉ 変速やフォームを変えるタイミングでの減速にも注意

# トルクの抜けに注意する

ダンシングに移行するときや変速時はトルクが抜けがち。タイミングに注意してトルクの抜けを防ぐ

**まとめ** 減速を防ぐテクニックはパワーには表れないが、パフォーマンスに大きな影響を及ぼしている可能性がある。強豪クライマーは細部まで気を使って走っているのだ。

# ヒルクライムは「簡単」？

## ◎ロードレースよりも簡単

「山の神」森本さんは、ヒルクライムは簡単だと述べている。重力によって後ろに引かれているためペダルにかかるトルクを意識しやすいからだという。

平地は慣性が働いてしまうため、ペダリングスキルの良し悪しが見えにくい。その意味では、ヒルクライムはペダリングスキルを身につけやすい競技だともいえる。

他に、たとえば佐々木さんはヒルクライムのペース配分はロードレースよりも簡単だと述べている。ヒルクライムでペース配分の基本を身につけておけば、ロードレースでも有利に走れるだろう。

さまざまなスキルやレース展開など、考慮しなければいけない要素が増えるロードレースよりも、フィジカルと限られたスキルにだけ注意すればいいヒルクライムのほうが簡単であることは間違いなさそうだ。

## ◎ヒルクライムからロードレースへ

本書に登場するクライマーの大半はロードレースにもチャレンジしている。まずクライマーとして頭角を現し、その後ロードレースにも挑んでいくパターンが多いようだ。

この流れからは、ヒルクライムがロードレースへのよい入り口になっていることがうかがえる。

事故のリスクが小さく、フィジカルの力を伸ばすこととペダリングなど基本的なスキルを身につけることに集中できるヒルクライムは、最初に取り組む競技としては最適なのかもしれない。

ヒルクライムでスキルを身につけ、競うことの楽しさを知ったら、ロードレースにチャレンジしてもよさそうだ。

**ポイント**

- ◉ ヒルクライムは基本的なスキルを身につけるのに向いている
- ◉ ヒルクライムを足掛かりにロードレースにチャレンジする人は多い

# ロードレースへのチャレンジ

ヒルクライムで活躍してからロードレースに挑む選手は多い。写真はツール・ド・おきなわ2019

**まとめ** フィジカルを鍛えることとスキルアップという観点からは、ヒルクライムは競技の入門に最適だ。

# おわりに

## ヒルクライムは最高のトレーニングだ

ヒルクライムのパフォーマンスを上げるために、日々、苦しいトレーニングに励むヒルクライマーは多い。自分を追い込めることはヒルクライムの魅力の一つでもある。

だが、そんなトレーニングの毎日に限界を感じている人も少なくないのではないだろうか。フィジカルはいつまでも伸び続けるわけではない。

そんな人こそ、本書で紹介したテクニックに目を向けてほしい。仮にフィジカルの力が変わらなくても、テクニックを身につけることで速くなれるからだ。

テクニックを知ることは、フィジカルの力ばかりが注目されるヒルクライムをより深く楽しむことにもつながる。ヒルクライムは、とても奥が深いスポーツでもあるのだ。

さらに速くなり、末永くヒルクライムを楽しむためにも、テクニックを磨いてみよう。もっとヒルクライムが好きになるはずだ。

**ロードバイク研究会**

**監修プロフィール**

**ロードバイク研究会**

ロードバイクの新しい楽しみかた、より効果的なトレーニング方法を研究、提案する。

**STAFF**

企画・編集 ……………………佐藤喬
写真提供 ……………………綾野真(シクロワイアード)
イラスト ……………………庄司猛
デザイン・装丁・DTP ……前田利博(Super Big BOMBER INC.)
宮永功祐(Super Big BOMBER INC.)

---

# 最速ヒルクライマー8人が教える ヒルクライムテクニック

---


2020年7月25日 初版第1刷発行

監 修 **ロードバイク研究会**
発行者 廣瀬和二
発行所 株式会社**日東書院**本社
〒160-0022 東京都新宿区新宿2丁目15番14号 辰巳ビル
TEL:03-5360-7522(代表) FAX:03-5360-8951(販売部)
振替:00180-0-705733 URL:http://www.TG-NET.co.jp

印 刷 三共グラフィック株式会社
製 本 株式会社セイコーバインダリー


---




ISBN 978-4-528-02304-8 C2075